지구의 모든 사람들 중에
나를 열받게 하는
당신에게 먹이는 한 방!

나, 지금 화났다

나,
지금
화났다

나, 지금 화났다

초판1쇄발행 2022년 11월 16일

지은이 우지연

펴낸이 송희진
편집 김용성
디자인팀 김선희
내지그림 김은주
경영고문 스티브jh
경영지원 박봉순 강운자
펴낸 곳 한사람북스 | 제2022-000060호 2022년 7월 4일
주소 서울시 서대문구 신촌로 25, 3층 3090호
홈페이지 https://hansarambook.modoo.at
블로그 https://blog.naver.com/pleasure20
ISBN 979-11-980235-0-6 (13190)

산산이 부서진 내 마음을
돌려받기 위해 필요한 말은

나, 지금 화났다

우지연 씀

히스리북스

빼앗긴 감정을
자기 것으로 찾아오고 싶다면

~~~~~~ 화를 낸 것 같은데 제대로 낸 것 같지 않은 기분이었다. 누가 물어봐 주는 것도 아니고 그렇다고 매번 화났다고 친구에게 하소연할 수도 없는 일이었다. 혼자 해결하기에는 너무도 어려운 일이고 시간이 해결해주는 것도 아닌 듯했다. 마네킹처럼 화가 나지 않은 척 웃으며, 아무 일 없는 것처럼 살기 지쳤다. 나는 상처 입고 있지만, 상황을 들추어 말할 만한 용기도 없었다. 이러지도 저러지도 못하면서 살았던 것 같다.

그러다 공황장애에 걸렸다. 숨 쉬는 게 불편해 죽을 것 같은 고통을 겪었다. 그러면서 삶에 대해 다시 생각하게 됐다. 지금까지 나의 삶은 내 것인 적이 별로 없었다. 분명 내 코로 내가 숨 쉰다는 것을 알고 있었지만 내가 아니라 다른 사람이 내 삶의 주인이었던 것 같다. 치밀어 오르는 화를 참을 수밖에 없었던 것은 다른 사람들과 관계를 망치고 싶지 않아서였다. 그러다 보니 나의 소리를 존중하지 않았다. 몸이 아프다고 하는 소리도 무시했고 가슴이 하는 말들도 모른 체 했다. 머리와 가슴의 간격이 벌어질수록 생명의

빛을 잃어가는 자신을 보는 공포 속에서 살아야 했다.

왜 이러는 거지? 다른 사람은 아무렇지 않게 말하는 것도 왜 나는 이렇게 어려운 걸까? 내가 이 책을 쓰게 된 이유다. 자신의 감정에 집중하는 것이 틀리지 않았다는 것을 나와 비슷한 다른 사람들에게 전해주고 싶다. 당신이 틀리지 않았다고 말해주고 싶어졌다. 어쩌면 이 말은 내가 듣고 싶어 했던 말인지 모른다. 모든 글은 자기를 통해 나올 수 밖에 없는 일.

당신이 느끼는 감정, 당신이 느끼는 생각, 당신에 관한 모든 것은 틀린 게 아니다. 화가 나지만 화를 내지 못해서 속상한 사람들에게 이 책을 바친다. 화를 내고 싶지만 그러면 안 될 것 같아 자기를 아프게 하는 사람들을 위해서도 이 책을 드린다.

괜찮다! 당신이 틀린 것이 아니다.
단지 화내는 방법을 몰랐을 뿐이다.

누군가에게 빼앗긴 감정을
자기 것으로 찾아오고 싶은 사람들에게
이 책이 도움이 되길 바란다.

기억하라. 감정은 당신 편이다!

Chapter 1

화를 알아야 잘 낸다

당신은
화내는 편인가요?

~~~~~~~ 누군가 당신에게 이렇게 질문을 한다면 당신은 '네'라고 할 수 있을까? 아니면 화를 잘 내지 않는다고 말할까? 면접관(interviewer) 앞에서 받은 질문이라면 솔직해지지 못할 것 같다. 상견례 장소에서 받은 질문이라면 에둘러서 괜찮은 사람인 듯 안심시킬 듯하다. 그러나 친한 친구에게 질문을 받는다면, 혹은 가족들에게 듣는다면 달라질 게 뻔하다. 말할 것도 없이 이런 질문 자체는 불쾌하고 불편하다.

그런데 다르게 생각해보면 왜 같은 질문에 답이 달라지는 걸까? 이 점을 생각할 필요가 있다. 단순한 이유는 내가 화를 낼 때 상대를 봐가며 내기 때문이다. 상대가 내 반응을 받아줄지 말지 봐가며 화를 내고 있다.

화는 굉장히 익숙한 감정이어서 시도 때도 없이 생긴다. 그러나 화가 밖으로 표출되어 나타날 때는 장소나 대상과 상관없다. 왜냐하면 우리는 상대방이 누구인지 봐가며 표현하거나 억압할 수도 있기 때문이다. 다시 한번 말하지만 우리는 아무에게나 화를 내지 않는다. 상대를 봐가며 감정을 조절한다.

감정조절이 제일 필요한 곳이 직장인 것 같다. 회사생활을 위해서 감정 따위는 집에 두고 와야 한다고 생각한다. 아예 감정을 없애야 회사생활이 편하다고 말한다. 직급이 낮으면 말할 것도 없다. 상사와 동료 무엇보다 고객의 비위와 기분을 잘 맞춰야 고과점수를 잘 받을 수 있다. 이렇게 보면 감정에도 권력관계가 존재한다.

점심시간을 조금만 어겨도 난리를 치던 팀장이 있었다. 병원에 갔다 온다고 미리 과장에게 보고하고 돌아오던 길이었다. 점심도 먹지 못해 기운이 없었다. 그런데 하필 그때 팀장과 마주쳤다. 병원에 갔다 오는 길이라며 죄송하다고 인사를 했다. 팀장은 말없이 자리에 앉았다. 눈치가 보였지만 그걸로 끝인 줄 알았다. 그런데 그게 다가 아니었다. 갑자기 과장을 불러 부하직원 관리를 어떻게 하는 거냐며 야단을 쳤다. 어이가 없었다. 나 때문에 곤란해진 과장에게 미안한 마음이 들었다. 몸 둘 바를 모른다는 표현이 이런 경우일까? 기분이 몹시 상했다.

화라는 감정은 보편적인데 그것의 표현은 권력 있는 자가 누린다. 집에서도 화내는 사람이 권력자다. 학교에서도 마찬가지이다. 학생은 화를 낼 수 없지만, 그에 반해 선생님은 자신의 화를 마음껏 표현한다. 직장에서 부하직원이 화를 표현하지 못하는 것은 말할 것도 없다. 누가 화를 내고 누가 화를 받을지 암묵적으로 동의한 것처럼 말이다.

오랜 유교 문화는 우리 사회에 여전히 강력한 영향을 미친다. 우리 문화는 화나는 순간에도 상대방을 배려해야 한다고 가르친다. 화가 나서 미치겠는데 상대가 얼마나 놀랄지, 불쾌할지를 먼저 생각하라고 말한다. 그것이 사회 규범이고 예절이라고 한다.

그래서 화가 날 때도 상대방을 생각하려고 얼마나 노력했는지 모른다. 되지도 않는 노력을 했다. 사실 화가 나면 도무지 상대방의 처지가 이해되지 않는데 말이다. 왜 늘 나만 참아야 할까? 어른이 되면서는 상대방을 배려하는 척했다. 상대방을 이길 수 없거나 나에게 더 손해가 될 것 같으니 미안하다고 했다. 그러면 그냥 끝나는 줄 알았다. 하지만 나에게 고스란히 남는 게 있었다.

화내고
미안하다고 하는 건
이상해

~~~~~ 최근 학교폭력이나 미투와 같은 일을 보면 미안하다고 사과하는 가해자의 진정성이 잘 느껴지지 않는다. 피해자는 오랜 시간을 고통받았다. 이와 달리 새까맣게 잊고 살았던 가해자가 사과 한 마디 한다고 피해자가 느꼈던 분노를 상쇄할 수 있을까?

좋은 게 좋은 거라고 말하는 사회는 화가 나도 그 화나는 감정을 충분히 느끼지 못하게 한다. 분노를 용납하지도 않고 이해할 마음도 없다. 자신에게 불리한 상황을 넘기는 것에만 안간힘을 쓰기 때문에, 미안하다는 말을 들어도 피해자는 용서가 되지 않는다.

그렇다면 다른 사람이 나의 분노를 알아주지 않으면 해결할 방법이 없는 걸까? 아니다. 간단하지만 효과적인 방법이 있다.

분노도 다른 감정처럼 그저 인정해주면 된다. 연기(smoke)가 내내 자리를 잡고 있지 않은 것처럼, 분노라는 감정을 일어났다 사라지는 연기처럼 이해하면 된다. 화가 난다는 사람의 말에 귀 기울여 주면 가능하다. 옳고 그른 문제는 잠시 내버려 두고, 그 감정을 알아주면 화가 걷잡을 수 없이 커지는 것을 방지할 수 있다.

그런데 우리는 이것을 잘하지 못한다. 화를 이해하고 용납하는 대신 오히려 화를 가두고 숨기는 것을 미덕으로 배웠다. 그래서 남는 건 화내면 안 된다는 생각뿐이다. 일어나는 감정은 어쩔 수 없더라도 적어도 화나지 않은 척해야 한다고 말이다.

그래서 화를 내면 부끄럽다. 화를 내고 나면 상대에게 미안하다고 해야 할 것 같다. 하지만 잘 생각해보자. 그러면, 나는 어떻게 되는 걸까? 화를 낸 나는 무엇인가? 다른 사람에게 화가 난 것이 들켜 미안하다고, 부끄럽다고 생각하는 나는 어떻게 되는 걸까? 그게 정말 부끄러워해야 할 일인가?

화낸 것을 사과하면 다른 사람에게 좋은 사람처럼 보일 수 있다. 그러나 나 자신에게는 떳떳하지 못한 일이 되고 만다. 정작 중요한 순간 나조차도 내 편이 되어주지 못했다. 다른 사람도 분명 중요하다. 그러나 다른 사람보다 먼저 챙겨주고 이해해주어야 할 가장 우선적인 대상은 나이다.

다른 사람은 살리면서 나는 잃을 수 있다. 화가 나지 않는 사람은 없다. 만약 회사에서 화가 나는 일이 생기면 거기서는 화를 내지 않아도 분명 어디에선 표출할 것이다. 그게 사람이니까. 사람은 그런 존재이다.

또 어떤 사람은 화를 낸 후 뒤처리하는 일이 불편하고 힘들어 화를 내지 않는다. 심지어 어떤 사람은 자기는 전혀 화가 안 난다고 말한다. 정말 그럴까? 다시 말하지만 화가 안 나는 사람은 없다. 화는 인간 고유의 감정이고 나쁜 것이 아니다. 원시적인 것도 아니다. 오히려 화는 인간 본연의 아름다운 감정이다. 인간을 인간답게 만드는 감정 말이다. 그러나 문제는 화나지 않는다고 거부할 때 일어난다.

화를
배워 볼래요?

〰〰〰 내장사의 대웅전이 불에 타 없어졌다. 한 승려가 다른 스님들이 자기를 서운하게 한 것에 대한 원한으로 방화했다고 한다. 2006년 창경궁 방화 사건이나 2008년 숭례문 방화 사건도 모두 화가 원인이었다. 화를 내면 안 된다는 억압이 모두가 잠든 캄캄한 밤에 이렇게 왜곡된 채 표출되었다.

집에서 부모님이 자주 싸우던 모습을 보고 자란 사람은 절대로 부모님처럼 하지 않겠다고 다짐하는 게 있다. 하지만 어떤 모양이든 굳은 다짐은 왜곡되기 쉽다. 그리고 왜곡된 다짐은 자해나 물건 던지기 등으로 표현된다. 심지어 방화라는 극단적인 방식으로 다른 사람을 해치거나 공동체에 위협을 가하기도 한다.

그래서 우리는 화를 배워야 한다. 좀 더 정확히 표현하자면 분노라는 자연스럽고 필요한 감정을 제대로 표현하는 방법을 배워야 한다. 자신은 결코 화를 내지 않는다는 사람은 자신이 싫어하는 방식으로 표현하는 것이 아닐 뿐, 다른 형태로 자기의 상처를 표현하고 있는지 모른다.

화를 잘 내기 위해서라도 배워야 한다. 화라는 감정은 차단할 수 없다. 막았다고 생각해도 나도 모르게 다른 형태로 새고 있다. 친구에게 싸준 김치찌개 비닐에서 구멍이 났는데 정작 자신만 모르고 질질 새고 있는 것을 아무렇지 않게 들고 가는 것처럼 말이다.

또한 화라는 감정은 그릇에 담긴 내용물처럼 차곡차곡 쌓인다. 마치 가득 찬 쓰레기통처럼 말이다. 그래서 사소한 감정이라도 그때의 감정을 처리하지 못하면 다른 것을 넣을 수도 해결할 수도 없게 된다. 감정은 비워내야 한다.

이러한 이유가 아니어도 마찬가지다. 자신이 화가 나 있는 것을 알아차리지 못하면 나의 상황을 전혀 알지 못하는 누군가에게 화를 낼 수 있어서다. 실제로 우리는 내가 화난 이유와 전혀 상관없는 가족, 친구, 연인에게 엉뚱하게 화를 내고 있는지도 모른다. 그래서 나를 관찰해야 한다. 내가 지나치게 반응하고 있는 것은 아닌지 나를 살펴야 한다.

불편한 감정,
분노

~~~~~ 가끔 분노라는 감정이 참으로 불필요하다고 생각된다. 애초 내게 없었어야 하는 감정인 것 같다. 표현하지도 못할 걸 가지고 있으면 무엇 하나 싶다. 화내봤자 정신건강에도 좋을 것 같지 않아 그냥 눌러 버린 적이 많았다. 집에서는 가족 눈치 보며, 회사에서는 상사 등쌀에, 생각해보니 언제 화를 냈는지 기억도 안 난다. 그러다 보니 내 경험은 대부분 다른 사람의 화내는 감정에 데이거나 치인 것들이다.

식당에 밥을 먹으러 갔다. 한참을 맛있게 먹고 있는데 저쪽 테이블에 뭔가 문제가 생긴 것 같았다. 큰 목소리 때문에 듣지 않을 수 없는 상황이었다. 덕분에 식당에 있는 사람들은 방청객이 되었다. 화내는 사람의 말을 듣자 하니, 직원의 불친절한 태도가 기분을 상하게 했다는 것이다. 목소리는 거세지고 쉽게 끝나지 않을 분위기였다. '주인 나오라고 해?'가 곧 나올 차례로 보였다. 그러나 누구 하나 개입하는 사람은 없다.

학교에서 친구끼리 싸움이 붙었다. 그 자리에 같이 있었다는 이유로 징계를 받았다. 직접적인 피해나 위협을 가하지 않았어도 가해자의 친구라는 이유로 징계를 받았다. 학창시절 누구나 한 번쯤 경험할법한 이야기다. 그래서 요즘엔 아이들도 친구 싸움에 안 낀다. 뒤에서 친구들이 싸우든 말든 밥을 먹는다. 음악을 듣고, 심지어 공부하는 아이도 있다. 각자의 자리에서 아무 일이 일어나지 않는 것처럼 무심한 채 살고 있다.

가정폭력이 일어나도 옆집은 모른다. 자신들에게 피해가 생겨야 조금 신경 쓰는 정도다. 모른 척하는 것이 우리 문화가 돼버렸다. 비명이 들리고 맞는 소리가 나도 타인의 고통을 애써 모른 척한다. 누군가 해결하겠지 하고 미루거나 나는 그렇지 않아 다행이라며 안도한다. 어쩌다 우리가 이렇게 되었을까?

길에서 싸움이 벌어졌다. 누가 어떤 잘못을 했는지 모르지만 싸움은 걷잡을 수 없을 정도로 심각해졌다. 가게 앞에 세워둔 차가 한 대 보이고 차 주인으로 보이는 젊은 남성이 가게 아저씨의 멱살을 잡으려고 발버둥을 치고 있다. 젊은 사람이 얼마나 화가 났는지 주인아저씨를 향해 거침없이 욕을 한다. 옆집 가게 사람들이 말리러 나왔다. 젊은 사람은 말리는 이들을 향해서도 주먹을 날린다. 다른 사람은 이 모습을 휴대전화기로 찍고 있다.

나는 점심을 먹으러 가는 길에 이 광경을 목격했다. 더 큰 일이 벌어질 것 같은 끔찍한 기분에 그 자리를 떠날 수 없었다. 그런데도 내 옆의 직장 동료들은 무심하게 차에 탄다. 그리고는 내가 타기만을 기다린다. 뭐라도 도움을 줘야 하지 않냐는 물음에 그런 일에는 끼지 않는 게 좋다고 말한다. 그런데도 나는 차를 탈 수 없었다.

내가 어렸을 때 우리 집은 부부싸움으로 항상 시끄러웠다. 물건 던지는 소리, 그릇 깨지는 소리, 욕하는 소리, 부딪히는 소리, 아이들의 우는 소리 등으로 민원이 제기될만했다. 하지만 아무도 무슨 일이냐며 초인종을 누른 사람은 없었다. 외딴섬에 갇힌 그런 기분이었다. 그래서인지 이런 일을 보면 나는 그냥 지나칠 수가 없다.

무관심은 분노의 다른 표현방식이다.
감정을 차단하는 자기 보호처럼 말이다.

집에서 부부가 싸우고 있다. '또 시작이다'라는 표정으로 아이들은 각자 방으로 들어간다. 부부가 자기들끼리 싸우다가 끝이 나지 않자 큰아이를 부른다. 아이에게 왜 싸우는지를 설명하고 누가 잘못했는지를 자녀에게 결정해달라고 한다. 자녀는 이리저리 눈치를 볼 수밖에 없는 이 상황이 불안하고, 부모로부터 자신을 분리하지 못해 그들의 감정에 얽혀 있다.

문제가 있는 가정일수록 어른의 문제에 아이를 개입시킨다. 아이의 머리가 아프다. 재판관처럼 공정하기만 해서는 안 된다. 누가 힘이 있지? 재빠르게 계산한다. 결정을 잘 하지 않으면 아이에게 화살이 올 것이 뻔하기 때문이다. 아이는 눈치를 살피다가 힘이 센 사람의 편을 든다.

아이가 본 것은 폭력이다. 화가 나면 집어 던지고 엎어버리는 것, 필름이 끊어지지 않는 장시간의 공포 영화다. 그래서 아이는 생각한다. 화내는 것은 안 된다! 화를 내면 나도 내가 본 것처럼 하게 될 거야! 나는 절대로 내가 본 것처럼 하지 않을 거야! 그렇게 다짐하고 정반대의 방식을 보여주려 애를 쓴다. 하지만 결국 부모에게 영향을 안 받았다고 말할 수 없다.

아이는 불안과 스트레스 상황에 맞닿을 때마다 어떻게 감정을 표현할지 모른다. 도망가기, 회피하기, 남탓하기, 핑계대기, 감정과 나를 분리하기 등으로 자기를 지킨다. 건강하고 이성적인 내가 무슨 일인지 마비가 되는 것처럼 어리석어 보일 때가 있다.

겁이 나거나 두려움에 사로잡힐 때, 나도 나답지 못한 내 모습에 도통 이해할 수 없다. 감정적으로 폭발하거나 예민하게 반응하거나 숨어버릴 때다. 사람과의 관계에서 작동하는, 그 안에서만 볼 수 있는 나의 연약함이다.

분노라고 꼭 감정적으로 표현되는 것은 아니다. 정서적 안정이 없으면 일을 해도 집중할 수 없고 제대로 동기부여를 받을 수도 없다. 불편한 감정인 이 분노를 파헤쳐야 하는 이유이다.

살면서 화나는 일은 교통사고처럼 찾아온다. 줄을 서서 대기하고 있었다. 모르는 사람이 새치기를 했다. 그들은 중년의 한 커플이다. 많은 사람이 승강장에 서서 기다리고 있는데, 어떻게 이런 일을 할 수 있지? 신기하고도 의아했다. 이 사람들은 마치 처음부터 자기 자리인 것처럼 나와는 눈을 피하고 자기들끼리 신나게 말을 하고 있었다. 그들의 태도에 더 화가 났다.

이런 상황에 어떻게 대처하겠는가? 새치기하지 말고 줄을 서라고 말하겠는가? 어떤 이는 자신의 여행을 망치고 싶지 않다며 신경 쓰지 않으려 할 것이다. 그런가 하면 자기 일행과 나누던 이야기를 하느라 무관심으로 일관하는 이도 있을 것이다. 또 누군가는 말없이 그들을 노려볼 것이다. 그런데 다 끝난 것 같은 이 일은 여기서 끝이 아니다. 어떻게 대처하든 이 일은 나에게 영향을 미치게 된다.

우리는 분노에 대해 잘 모른다. 이 낯선 감정은 과격하고 파괴적인 모습으로 스크린에 비친다. 때로는 이 감정은 힘없는 자를 향해 무자비하게 행사하는 힘의 향연으로 꽃핀다. 그래서 되도록 화가 나도 화가 나는 감정과 주체를 분리하고 이성적으로 생각하려고 한다. 제발 이성적으로 생각하라고 외친다. 화를 내면 그것을 통제할 수 없으리라 생각한다. 화내는 모습은 나에게 치명적인 약점이 될 거라 오해하기 때문이다.

하지만 우리는 화를 내지 않을 수 없고 숨길 수도 없다. 화를 내지 않으면 몸이 아프다. 내 몸이 화를 받아내서 그렇다. 화를 풀지 못하면 누군가에게 두들겨 맞은 것처럼 몸이 아프다. 그래서 생각해야 한다. 화를 내면 안 된다고 생각하게 된 자기만의 역사를 찾아야 한다. 더불어 화를 제대로 알고 다루고 싶다는 열망과 희망을 가져야 한다.

화내는 클래스가
다르다

〜〜〜〜〜 다른 사람이 언제 화내는지를 아는 일은 그리 어렵지 않다. 인간관계의 필수템은 상대가 화나는 일을 피하는 일이다. 그러나 내가 언제, 어떤 일로 화내는지 알기란 쉽지 않다. 우리는 나의 감정에 대해 생각해 본 적이 거의 없다.

누군가 나에게 언제, 어떤 일로 화를 내느냐고 묻는다면 당황스럽기만 하다. 지금껏 한 번도 생각하지 못하고 살았던 사람이 많을 테다. 그래서 이 주제는 너무도 중요하다. 내가 언제 화내는지 모르겠다면 나와 가까운 주변 사람에게 물어보라.

상대방이 들려주는 말은 내가 미처 몰랐던 점에 대해 알려주는 말들이다. 물론 나를 잘 알고 하는 말이 아닐 수 있고 그러다 보면 정확하지 않을 수 있다. 게다가 상대의 눈에 비친 일부분이기에 상대가 해주는 말을 받아들이기 어렵다.

그렇다고 해도 상대방의 말을 통해 새삼 나 자신에 대한 생각을 할 수 있다. 주변에서는 내가 피곤할 때 화를 자주 낸다고 한다. 피곤하고 먹을 것이 없으면 무척 예민해진다는 이야기도 들었다. 인정하기는 싫어도 그런 것 같다는 생각이 든다. 반대로 상대방에게도 언제 화를 내는지 물어보자. 내가 새삼 알게 된 점은 사람마다 화를 내는 이유도 시기도 내가 생각하는 것과 다르다는 것이다.

화내는 것이 사람마다 다르다는 점을 깨닫게 되면 약간은 여유롭게 문제를 바라볼 수 있다. 화를 낼 때 두려운 것은 다른 사람의 시선에서 벗어나는 일인데, 나만 화를 내는 게 아니라 사람마다 화를 낸다는 것을 알면 좀 더 자연스러워질 수 있다. 나처럼 피곤하거나 먹을 게 없으면 화가 나는 사람도 있고, 어떤 사람은 자기를 조금이라도 무시하거나 비아냥거린다고 느끼면 못 참는다. 다른 사람은 자기 일정에 갑자기 예상하지 못한 일들이 발생하면 화가 난다. 어떤 사람은 융통성 없는 사람과 일하면 화가 난다. 이처럼 화내는 이유도 사람마다 다르다.

화내는 주인은 나 자신이다. 화내는 것은 자연스러운 감정이고 반응이다. 하지만 내가 화내는 감정의 주인이 되지 않으면 일이 복잡해진다. 화내는 감정의 주인이 된다는 말은 내가 지금 화를 내고 있다는 것을 먼저 인식하고 있어야 한다는 말이다.

우리는 화를 다스린다는 말을 종종 사용한다. 화를 다스린다는 것 자체가 화가 가지고 있는 성질을 이해하고 있어야 가능하다. 화라는 감정은 인정해주면 어느새 귀여운 강아지가 되어 나의 무릎에 앉는다. 곧 다루기 쉬워진다. 하지만 그 감정을 버려두면 아무 곳에서나 폭발을 일으키려 한다. 작은 불씨라고 무시하고 방치해서 어느 순간 커다란 화염으로 번지듯 말이다.

분노라는 감정 자체는 좋고 나쁜 것이 아니다. 부정적이고 위험한 만큼이나 창조적이고 긍정적인 에너지다. 무너진 정의를 일으킬 힘이 분노다. 생존에 위협을 받을 때 분노는 자기를 보호하는 역할을 한다. 문제는 화가 가지고 있는 엄청난 에너지를 어디에 사용하는지 아는 것이다. 화내는 주체가 내가 되고 그것을 생산적이고 건강하게 사용하기 위해서는 내가 '언제' 화내는지 알아야 한다.

나도 처음부터 안 것은 아니었다. 화내는 것에 대해 두려움만 가지고 있었다. 화가 나면 열심히 도망쳤다. 그래서 나는 내가 화를 잘 내는 사람인지 몰랐다. 사람은 대부분 자기가 괜찮은 사람이라고 생각한다. 나도 마찬가지였다. 탄산음료를 한 번에 먹어버리는 사람처럼 화를 벌컥 질러내는 사람이 있다. 그러면서도 자신은 뒤끝 없다고 한다. 이런 말을 들으면 정말 질려버린다. 인간은 누구나 자기 자신을 합리화하기 때문에 자기객관화(self objectification)가 어렵다. 그래서 아무리 듣기 싫어도 다른 사람이 나에게 하는 말을 들어야 한다. 일정 부분에 불과해도 말이다.

하지만 누군가 나에 대해 하는 말을 듣는 것이 여전히 불편하다면 그것은 아마도 본능적인 거부로 여기면 될 것이다. 나에 대해 적나라하게 알고 있는 사람들이 하는 불편한 말들은 성장통이 된다. 나의 날 것 그대로의 모습을 알고 있는 사람이 들려주는 말은 고통스럽지만 의미가 있다. 성장하기 위해서는 어느 정도의 아픔이 필요하다. 듣기 싫어하는 나의 모습을 직면하는 것이 나를 알아가는 출발점이 된다.

Chapter 2

화날 때 말로 표현할 수 있다

마음을
읽어주지 못해
화났어

———— 내가 화났다는 걸 아는 것은 나를 이해하는 첫걸음이
된다. 그런데 나는 언제부터 화를 냈을까?

한 달이 조금 지난 아기를 생각해보자. 아기는 화가 나면 온몸
으로 표현한다. 땅에 머리를 대고 비비기도 하고, 소리를 지르거나
가까운 사람을 문다. 그래도 아기가 화나는 것이 이상하지 않다.

화는 가장 자연스러운 인간의 모습이다. 하지만 의사소통에 서
툰 아기가 누군가를 물거나 자기를 때리지 않도록 아기는 제3자의
도움이 필요하다. 어떻게 말해야 할지 모르고 표현에 서툰 아기에
게 필요한 것은 자기의 마음을 대신 읽어줄 누군가이다. 건강한 양

육자라면 아기의 울음에 곧 다가와 반응해준다.

어릴 적 할머니의 손에 자란 나는 할머니가 해주는 방식이 참 좋았다. 내가 돌에 걸려 넘어지면 돌을 보고 "누가 그랬어, 때찌 때찌, 맴매"라고 말해줬다. 그러면 마음이 괜찮아졌다.

어른이 된 다음에는 내 무릎을 아프게 한 그때의 그 돌을 기억하지 않는다. 원망하는 마음도 전혀 없다. 하지만 내 마음을 읽어준 할머니는 기억난다. 내가 할머니를 좋아한 건 다름 아니라 내 마음을 읽어줘서다. 언제나 내 편이 되어주는 누군가가 있어 줘서다.

화난 내 마음을 알아주라는 것은 이런 의미다. 아픈 내 마음에 생채기를 내는 건 다른 누가 아닌 나 자신일 때가 많다. 내 마음을 알아준다는 것은 단순히 방어를 위해서가 아니다. 마음이 힘들었으면 힘들다고 봐주는 것이고, 아팠으면 아팠다고 인정해주는 것이다. 거울에 자신을 비추듯 화나면 화난 내 마음을 알아주는 일이다.

유독 어른이 되면 어릴 적 할머니처럼 내 마음을 읽어줄 보호자가 사라진다. 돌에 넘어져 무릎이 까져도 얼른 일어나라고 하는

사람들로 둘러싸인 듯하다. 아이처럼 울지 말라고 하는 말에 속이
상한다. 너만 아픈 게 아니라는 말은 위로가 되지 않는다.

아픈 데 나눌 곳이 없다.

일이 마음대로 되지 않아 화 난 것이 아니라 잘하고 싶었던 내
마음을 잃어서 화가 난다. 배가 고파서 화나는 것이 아니라 혼자
밥을 해야 하는 적적함에 화가 난다. 그렇게 감정을 혼자 깊이 묻
어뒀다가 별일 아닌 일에 또 힘을 쏟는다.

그렇게 하면
내가 힘들 텐데

～～～～ 화가 나면 나는 문을 세게 닫는다. 화장실 문도, 냉장고 문도, 가구도. 문은 내 감정을 표현하는 일차적 상징이다. 화난 감정을 티 내려고 가족이 있을 땐 보란 듯이 문을 세게 닫았다. 문을 감정의 전환물로 삼아 사춘기 시절 서툰 감정을 표현하던 것이 시작이었다. 하지만 부모님에게는 예의 없는 행동으로밖에 안 보였다. 그땐 그저 누가 내 감정을 읽어주면 좋겠다고 생각하고 그렇게 행동했었다.

우리는 화를 표현하는 방법을 제대로 배운 적이 없다. 그저 문을 세게 닫으면 안 된다는 식의 얘기만 들었을 뿐이다.

화를 말로 표현하지 않는다고 해서 화를 내지 않는 건 아니다. 나처럼 문으로 표현하기도 하고 어떤 사람은 눈빛으로 몸짓으로 표현한다. 혹은 일을 미루거나 하지 않으면서 자기의 화를 표현한다. 말로 표현하지 않는 화가 사물을 대신해 표현된다. 우리가 진짜 원하고 바라는 것들을 물건이나 다른 사람을 통해, 때로는 일을 통해 나타낸다.

어린 시절 무엇이 나를 그렇게 화나게 했는지 잘 기억이 나지 않는다. 늘 동생과 티격태격 싸웠었다. 사춘기 시절은 더없이 세상 모든 일이 내 맘대로 되지 않는 것 같았다. 그때 나는 모든 게 불만스러웠다. 항상 화가 난 아이처럼 말이다. 공부가 잘 안되는 것도, 하기 싫은 과제를 해야 하는 것도 나를 화나게 했다. 배가 고픈데 저녁을 9시나 돼서 먹어야 하는 것도 싫었다.

어릴 때는 자기에 관해 관심이 크고 주변에서 일어나는 일에는 온전한 주의를 기울이지 못한다. 그래서 특히 사춘기 때는 부모님이 옆에서 자주 물어주어야 한다. 오늘은 괜찮았는지, 어떤 일이 있었는지 마음이 어떤지 말이다. 그렇게 누군가 내 옆에서 자꾸 말을 걸어주면 서툴지만 마음에서 일어나는 일들에 대해 표현할 기회를 얻는다.

그렇다고 다 큰 성인이 된 내가 마냥 부모님을 탓하려고 하는 건 아니다. 부모님은 부모님의 삶이 있었고 애쓰셨다는 걸 안다. 하지만 그때 우리가 나눈 대화라는 건 뭘 했는지 안 했는지가 전부였다. 지금도 그때도 가장 많은 시간을 보내는 가정에서, 그리고 회사에서 여전히 비슷하다. 그러다 보니 마음이 잘 안 열리고 있는지 모른다.

내가 맞으면
너는
틀리는 거니?

〰〰〰 이십 대 푸르른 시절, 나는 회사에서 자금을 관리했다. 사람들은 혹이라도 내 감정을 상하게 해서 입금이나 출금이 늦게 되는 억울한 일을 당할까 걱정했다. 그래서 어린 나에게도 예의를 갖추고 친절하게 대해 주었다. 회사의 입출금은 오후 5시였다. 그 이후는 은행의 보관 금고를 이용해야 했기에 늦으면 안 됐다. 그런데도 사정상 어쩔 수 없이 5시 넘어 재정을 타러 오는 일들이 생겼다.

그런 사람들에게 나는 종종 화를 냈다. 왜 미리 준비하지 않고 갑자기 이렇게 하냐는 식으로 말했다. 마감이 늦어지면 퇴근도 늦어지고, 처음부터 다시 계산해야 하는 복잡한 과정이 싫었다. 겉으로는 회사가 정한 기준을 안 지켰다고 화를 낸 것이지만 속으로는 내가 손해를 입은 것 같아 화를 냈다.

학교 다닐 때 내가 화났던 상황은 친구들과 발제할 때였다. 개인 발제는 시간을 활용하기도 좋은데 그룹 발제는 약속을 지키지 않는 학우들이 있어 매번 골치를 앓았다. 그룹 발제의 경우, 같이 모여서 전체 개요를 짜고 각자 맡은 부분을 요약하고 준비한다. 그리고 전체 흐름과 발제한 자료를 정돈하는 일을 위한 사람을 정한다.

나는 높은 점수를 받기 위해 거의 마지막 정리를 하겠다고 나섰다. 그런데 학우들이 정리한 내용을 늦게 보내 주면 마지막 정리를 맡은 내가 준비할 시간이 촉박해지니 화가 나는 건 당연하다고 생각했다. 게다가 그룹 발제를 잘 이끌어간다는 책임감 아래 친구들이 잘못한 것을 일일이 지적하며 분위기를 냉담하게 만들었다.

화를 낼 당연한 권리가 내게 있다고 생각했다. 마감일을 지키지 않고 늦은 건 내가 아니지 않는가. 나는 해야 할 말을 한 것이라고 당연하게 여겼다.

데이트할 때 남자친구를 향해서도 그랬다. 갑자기 회사에서 회의가 길어져 내가 늦어지면 상대방에게 엄청 미안하긴 했지만 나는 그래도 된다고 생각했다. 반대로 남자친구가 비슷한 상황이 생겨 늦으면 크게 화를 냈다.

나는 되고 너는 안 된다는 식이었다. 나는 화낼 자격이 있고 너는 그럴 자격이 없다고 생각하는 방식이다. 그래서 내가 화를 내면 상대방은 죄인처럼 듣고 있어야 한다고 생각했다. 연인 사이에서 볼 수 없는 냉혹함은 이런 고정된 사고방식에서 기인했다.

자기가 상대보다 우월하다고 생각하는 사람들, 제법 똑똑하다고 자부하는 사람들이 가지고 있는 심각한 오류는 화내는 방식을 통해 알 수 있다. 내가 문제가 아니라 상대방이 문제라고 생각하면 상대방을 바꾸려고 한다. 그래서 언제나 상대를 고치기 위해 노력해야 한다고 요구하게 된다

내가 문제가 아니고 네가 문제이기 때문에 네가 고치면 된다는 식이다. 하지만 인간관계는 논리 싸움이 아니다. 감정이 상하면 모든 것이 끝이 난다. 내가 누군가에게 괜찮다고 이해받고 싶어 했던 것처럼 상대도 그럴 수 있었다는 것을 시간이 지나고 한참 뒤에 배워야 했다.

"내가 맞다고 생각해도 너도 틀린 건 아니었어.
미안해. 정말."

모르겠다는 말에서
빠져나오기

~~~~~ 나를 힘들게 하는 문제의 원인은 많은 경우 나 때문이었다. 나는 나를 화나게 하는 상황 때문이라 생각했는데 아니었다. 화를 느끼는 내가 상황보다 먼저 있었다. 화가 난 상태에서 내가 쓰고 있던 무의식의 렌즈는 전체를 화난 상황으로 몰고 갔다. 그래서 화를 내면서 나 자신을 보지 못했다. 나는 정말 내가 왜 화내는지 몰랐다.

그런데 몰랐다는 말에는 두 가지 의미가 담겨 있다.

첫째, 몰랐다는 나의 말은 진실에 가깝다. 그만큼 정말 몰랐었다. 그때 나는 몰랐다고 하면 되는 줄 알았다. 그런데 몰랐다는 말로 문제가 사라지지 않았다.

그래서 두 번째 의미가 더 중요하게 다가왔다. 몰랐다는 말로 책임이 사라지는 것이 아니라 모르면 알아야 한다. 내가 모르는 부분, 내가 알지 못하는 맹점(blind spot)이 있다. 그 영역을 파악하고 발전해야 한다.

예컨대 술을 먹고 운전을 한 사람이 있다. 그는 잘못인지 몰랐다고 한다. 무엇을 몰랐다는 걸까. 일이 이렇게 될 줄을 몰랐다는 걸까. 만취한 상태여서 자기의 행동을 기억하지 못한다는 걸까. 어쨌든 우리는 음주 운전자가 그 말 뒤에 숨어서는 안 된다는 것을 안다. 몰랐다는 말이 모든 책임을 면하게 하지 않는다.

앞에 했던 말을 떠올려보자. 내가 화내는 것과 언제 어떻게 내는지를 다른 사람에게, 그리고 나 자신에게 물어보면 내가 알지 못했던 부분이 나온다. 그것은 부끄러운 것이 아니라 내가 책임지고 배워가야 할 숙제와 같은 것이다.

그런 의미에서 당신과 나누고 싶은 질문이기도 하다.

당신은 언제 화내고 있나?
화날 때 사용하는 당신의 말은 무엇인가?

화날 때
사용하는 말들

～～～ 내가 무슨 말을 했는지 당신은 스스로 기억하고 있는가? 물론 모든 말을 기억할 수 없다는 걸 이해한다. 하지만 화가 날 때 상대방에게 어떤 식으로 말하는지, 그리고 내가 종종 사용하고 있는 단어가 무엇인지를 알면 화날 때 사용하는 말버릇, 습관 같은 것을 고칠 수 있다.

나는 화를 낼 때 '항상', '언제나', '늘'이라는 말을 붙였다. "너는 항상 나에게 이런 식이었어. 너는 언제나 그렇게 말했지. 너는 늘 이렇게 했어." 내 말을 듣는 상대방은 지쳐갔다. 늘 그렇게 생각했던 것은 아니다. 내가 얼마나 화났는지를 강조하기 위해, 나를 좀 더 이해해달라고 꺼낸 말이 화가 난 상태로 전달되다 보니 상대방은 질려했다.

'항상, 언제나, 늘'이라는 말은 상대방을 판단하고 변할 가능성이 없게 여긴다. 상대방이 바뀔 가능성이 없는 것처럼 이미 말했기 때문에 이런 말을 들으면 관계가 좋아질 리 없다. 화가 나서 쏟아낸 말이지만 그동안 관계에서 좋았던 것, 상대방이 나에게 잘한 것을 없던 것처럼 만들었다. 이렇게 상대방을 망가뜨리고 있을 때도 나는 그게 그렇게 큰 문제가 되는지 몰랐다. 말하는 대로 관계가 되어 가는데 말이다.

내가 바라는 것은 지금의 모습에서 더 좋은 관계가 되자는 것이었다. 나에게 조금만 더 관심을 가져달라는 의미였다. 하지만 나는 상대방과 관계를 망치는 말만 골라서 했다. 그때 친구가 나에게 이런 말을 해주었다. "내가 그것에 대해 잘못한 것은 맞지만 그래도 그동안 너에게 잘한 것도 있잖아. 그것 하나라도 좀 기억해주면 안 되겠니?" 친구의 말은 정확히 맞았다. 나는 성급한 나머지 그에 대한 전부를 지우고 한 가지에 집착하고 있었다.

화라는 감정에 나 자신이 침몰당하고 있었다. 나도 너도 우리는 모두 과정 중에 있다. 하지만 화가 날 때 사용하는 말에 따르면 얼마든지 변할 가능성이 있다는 상대방의 의지도, 가능성도 무시한 셈이 된다.

사실 내가 화가 난 것은 하나의 사건이 전부였다. 관계를 망치거나 끝내 버리려는 건 아니었다. 그런데 지금 내가 하는 말은 너는 이번에만 틀린 게 아니라 내내 그랬기 때문에 너와 나의 관계는 개선될 수 없다는 말로 들리게 했다. "너는 항상 그런 식이었어"라고 하는 말로 개선될 여지가 전혀 없는 사람으로 만들었다.

내가 옳았다는 말을 흑백 논리로 사용하면 상대방이 틀렸다가 된다. 이것 아니면 저것으로 양분되는 말에는 여지가 없다. 네가 이렇게 했으니 나는 저렇게 해도 된다는 극단의 논리이다. 어제까지 우정과 사랑을 나누었던 관계도 하루아침에 갈라설 수 있는 매몰찬 사이가 된다. '항상, 언제나, 늘' 이런 말들은 상대방을 옴짝달싹 못 하게 묶는 말이다.

내가 그 사람에게 이렇게 말해도 되는 걸까? 물론 그에게 문제가 있을 수 있다. 하지만 이런 식의 표현은 그와 나의 관계를 잘라버리는 행위이다. 내가 하는 말이 중요한 이유는 그 말을 통해 모든 것이 구체적인 형태를 갖추고 내가 앞으로 어떻게 해야 할 것인지에 관한 의지를 심어주기 때문이다.

말은 자기 자신을 표현하는 도구다. 말은 구체적이지 않은 것들을 설명하고 확정해준다. 어떤 언어를 쓰든지 말을 통해 인간의 의지는 더욱 명확해진다. 내가 무엇을 꿈꾸고, 무엇을 느끼는지, 그리고 내가 어떤 사람인지는 모두 말을 통해 드러난다.

우리는 모두 인생의 어느 부분을 통과하고 있다. 아직 목적지에 도달한 것이 아니다. 글쓰기에 비유하면 어떤 사람은 이제 서론을 쓰고 있고, 누구는 본론의 첫 번째 대지를 적고 있다. 이미 완결된 글 같아도 우리는 퇴고의 과정을 거칠 것이라는 것을 알고 있다. 인생도, 관계도 마찬가지다.

길을 가다가 중간에 계획도 없던 편집숍에 들릴 수 있다. 여행을 가다가 휴게소에 들려 간식을 사는 것처럼, 공부하다가 영화를 볼 수도 있다. 특별한 목적을 위해 무언가를 하거나 잠시 쉴 수도 있고 다른 길로 갈 수도 있다.

관계도 마찬가지다. 누군가를 만날 때 우리는 때때로 다른 관점을 취할 때가 있다. 그럴 때는 그 사람과 내가 만났던 과정 중에 있었던 일들을 생각해야 한다. 그저 화가 나서 가위를 가지고 싹둑 자르듯 편집해버리면 안 된다.

내 말이 다른 사람에게 어떻게 들리는지 내가 하는 말 습관을 살펴보는 시간이 필요하다. 나도 모르게 다른 사람에게 가혹한 말을 쓰고 있는 것은 아닌지, 화가 나서 내뱉은 말이 나중에 후회하는 말이 될지 생각해야 한다. 내가 관계를 더 이어가고 싶은지, 아니면 여기서 정리하고 싶은지는 별도로 생각한다고 해도 말이다.

내가 바라는 건
이것이었어

──── 분노는 특정한 상황에서 일어난다고 생각한다. 정말 그럴까? 아까 전까지는 괜찮았는데 갑자기 끼어든 이 사건이 나를 이렇게 격하게 만들었다고 생각할 수 있다. 단순하지만 이런 생각이 내가 한 행동이나 말들을 정당하게 하는 근거였다.

"난 괜찮았어요. 이 일이 있기 전까지는 말이죠.
그러니깐 이런 일을 만든 저 사람이 문제예요."

갑작스럽게 일어난 교통사고처럼, 인생에는 당혹스럽게 만드는 일들이 일어날 때가 있다. 뜻밖의 사고, 사건, 문제들은 예상하지 못했던 일들이다. 내가 아무리 이런 것을 싫어한다고 해도 뜻밖의 일들이 생기는 것을 막을 수 없다. 그것을 방치할 수도 없다.

사고처럼 계획하지 않은 일이라고 해도 해결해야 한다. 교통사고가 났을 때 미리 준비해 놨던 전화번호를 보고 보험회사에 전화를 걸어 행동하듯이, 갑작스러운 사건 앞에도 따라야 할 순서가 있다.

허락도 없이 쳐들어오는 문제들 앞에 우리는 깨어있을 수 있을까? 마음이 둔하면 문제의 노예가 되지만, 정신이 깨어있으면 문제를 다룰 수 있는 능력이 생긴다. 화를 의식하지 않으면 폭력적으로 변해도 문제의식을 못 느낀다. 그리고 매번 변화무쌍한 상황을 핑곗거리로 삼는다. 술 마실 이유도, 욕할 이유도, 무시할 이유도 상황에 따라 무수히 생긴다. 따라서 환경이나 상황은 내 삶의 기준이 되어서는 안 된다. 그것은 항상 변하기 때문이다.

초등학교 조회 시간 운동장에서 기준이라고 외치는 소리를 듣고 자랐다. 누군가 기준이라고 외치면, 그 말이 끝나기 무섭게 기준을 따라 간격을 맞춘다. 기준은 하나의 척도이기 때문에 기준줄은 움직이면 안 된다. 친구 따라 움직이면 다시 연습하고 또 연습해야 한다. 그 기준을 지킬 때까지 말이다. 상황은 변하는 것이기 때문에 기준이 될 수도 없고 되어서도 안 된다.

드라마나 영화에서 "착하게 살려고 했는데"라는 말을 듣는다. 착하게 살려고 마음을 먹었는데 그렇게 살지 못하게 되었을 때 이런 말을 한다. 다시는 주먹다짐을 하지 않겠다고 결심했는데 너 때문에 내가 주먹을 쓰게 되었다는 말을 해야 할 때 이런 말을 한다.

이것은 내가 중심이 아니고 네가 내 삶의 중심이라고 말하는 것과 같다. 환경에 따라 얼마든지 달라질 수 있는 나라고 말하고 있는 셈이다. 그러니 말이 되지 않는다.

주변 환경은 내가 어찌해볼 수 없는 것들이다. 대한민국에서 태어난 것, 남자나 여자로 태어난 것, 이런 가정에서 사는 것, 회사에서 어려운 일을 당한 것, 친구들과 관계가 좋지 않은 것 등 이런 일들은 내가 선택한 게 아니다. 사고처럼 다가온 일이지만 그렇다고 내가 책임질 게 없으니 두 손 놓고 환경이 이끄는 대로 당하고 있으면 안 된다. 어떤 일은 주변환경으로 인해 시작되었는지 몰라도 어떻게 살아갈지는 내가 결정한다. 하나밖에 없는 내 인생이니, 나는 네가 발생시킨 일로 무너지지 않으리라. 이런 결정!

Chapter 3

감정은 손해가 아니다

내 감정을
도둑맞았을 때

~~~~~~~~ 집에 있는데 뜬금없이 전화가 왔다. 모르는 전화라서 받지 않았다. 같은 번호로 또 걸려 온다. 이상하다 싶어 전화를 받았다. 상대방은 누군지 밝히지도 않고 화부터 내기 시작했다. 용건은 왜 전화를 안 받냐는 것이다. 흥분한 목소리로 말을 걸어온 상대는 여전히 자신의 신분을 밝히지 않는다. 목소리를 들으니 나보다는 연배가 있어 보였다.

드디어 내가 말할 타이밍을 얻었다. 나는 상대방을 향해 누구시냐고 물었다. 카드사였다. 새로운 카드가 발급되어 집을 찾아왔는데 내가 전화도 안 받고 집에도 인기척이 없어서 전화했다는 것이다. 그에게 이사했다고 말했다. 그러자 적반하장으로 왜 주소를 바꾸지 않았냐고 따진다. 계속 말을 해봤자 통하지 않을 것 같아 새로운 주소를 말해주고 전화를 끊었다. 평온한 일상, 고요한 내 삶은 갑자기 찾아온 이 무례한 사람에 의해 무참히 깨졌다. 전화 통화는 끝났지만 화가 쉽사리 가라앉지 않았다. 이 사람 뭐지? 나한테 왜 이러는 걸까? 이런 상황에서 당신이라면 어떻게 할 것 인가?

상대방이 화가 나서 말하면 나 역시도 목소리가 높아지고 몸에 힘이 들어간다. 분노는 에너지라 영향을 받는다.

직장 동료가 아침부터 안 좋아 보였다. 무슨 일인지 모르는 동료들은 그의 눈치를 살피고 있다. 보고서를 제출해야 하는 직원은 적절한 기회를 살핀다. 함께 점심을 먹으며 그가 출근하기 전 부부 싸움했다는 이야기를 들었다. 어떤 사람은 자기 때문이 아니었음을 알고 안도한다. 다른 이는 그 일이 나랑 무슨 상관이지 하며 바로 관심을 끈다. 또 다른 이는 집에 있었던 감정을 잘 처리하지 못하고 회사 와서 저렇게 티를 내냐며 불쾌해한다.

사람마다 화내는 이유와 방식이 다르다. 부부싸움을 하거나 누군가와 말다툼을 하면 그 감정을 회사로 가져와 티를 내는 사람이 있다. 아니면 회사에서 속상했던 일을 집으로 가져와 엄청나게 푸는 사람도 있다. 대개 회사 일은 회사에서, 집안일은 집안에서 끝내고 감정도 가지고 오지 않는 사람을 프로(pro)라고 생각한다.

하지만 인간은 환경에 영향을 받을 수밖에 없는 유기적인 존재이다. 가정이 평온하지 못하면 회사에서도 집중해서 일할 수 없다. 반대의 경우도 마찬가지다.

그러나 환경보다 그 사람의 역량이 더 중요하다. 사람마다 분노를 해결하는 방식이 다른 점을 알게 될 때 분노를 대하는 태도가 달라질 수 있다.

이것을 배우는 쉬운 방법은 관찰이다. 관찰은 사람을 배우는 매우 효과적인 도구이다. 사람들을 관찰하라! 그러면 사람마다 가지고 있는 분노 관리역량이 보일 것이다. 분노 관리역량(Anger Management Competency)은 화가 날 때 그것을 관리하는 능력이다. 같은 사무실에서 똑같은 일로 팀 전체가 혼나도 사람마다 그것을 해석하는 방식이 다른 것처럼 말이다.

부모에게 똑같이 꾸지람을 들어도 자식들의 반응은 다 다르다. 회사도 마찬가지다. 직장 상사에게 야단을 맞고 기가 죽은 직원이 있지만, 어떤 사람은 언제 그랬냐는 듯 아무렇지 않게 잘 먹고 생활한다. 직장 상사와 나는 개별적 존재라고 건강하게 생각하는 사람이 있다.

그 사람의 문제를 받아들이느냐 아니냐는 나의 선택이라는 것이다. 그런 사람과 있으면 편안하다. 상대가 자기에게 화를 냈다고 상대의 화까지 안고 있는 사람은 부정적 에너지가 더 많아졌기 때문에 불편하다. 분노 관리역량의 차이는 계속 자기에게 해가 되는 상황과 감정에 머무느냐, 아니면 그곳을 떠나서 그 문제로 분리하느냐의 차이이다.

부부싸움을 하고 직장에 온 상사의 분위기를 살피려고 커피를 사다 주거나 마음에도 없는 칭찬을 하며 그의 기분을 좋게 만들려고 하는 것은 과한 일이다. 내가 인정받거나 분위기를 바꿔보자는 그 어떤 이유라고 해도 말이다. 시험성적이 안 좋게 나와 낙심하는 친구에게 맛있는 음식을 사주며 위로할 수 있다. 하지만 그 이상 해줄 수 있는 것은 없다.

건강한 사람은 화내는 상황을 피하지 않는다. 다만 환경에 지나친 영향을 주거나 받지 않으려고 자기 선을 사수한다. 화가 난 누군가로 인해 둔탁해진 사무실 분위기를 바꿀 수는 없지만 좋아하는 음악을 이어폰으로 들으며 일에 집중할 수 있다. 이런 지혜는 자신의 삶의 반경을 지키는 일이다. 불편한 분위기가 싫어 잠시 밖으로 나가 커피를 사 올 수도 있다. 내가 있는 환경을 적극적으로 재구성할 수 있는 능력을 갖춘 사람이 건강한 사람이다.

먹을 게 없다고 화내는 동생의 불편한 심기를 보며 맨날 먹는 거 타령이냐며 맞받아치는 것이 아니라 그 사람의 몫으로 둘 수 있어야 한다. 거기에 어떤 반응을 할지는 내가 결정할 일이다. 같이 휩싸일지 아니면 분리할지 말이다.

누군가의 말 때문에 지속해서 상처받는 사람은 그 말을 곧이

곧대로 인정하기 때문에 상처받고 있는지 모른다. 그의 말 때문에 울고불고 싸울 필요는 없다. 말이 되지 않는 말을 내가 받아들였기 때문에 상처를 받는 것이다. 그러므로 분리해야 한다. 내 마음을 표현하기 전에 내가 바라는 것을 알고 지킬 수 있어야 한다.

드러난 것은 비슷해 보여도 실상은 다르다. 다른 사람의 비위를 맞추고 그 뜻대로 하려는 것에서 벗어나 내가 원해서 하는 것으로 바뀌어야 한다. 내가 할 수 있는 정도면 된다.

나의 욕구를 챙기는 것은 이기적인 일이 아니라 건강해지는 길이다. 사랑도 마찬가지다. 사랑은 혼자서는 불가능한 일이지만 그렇다고 타인에게 계속 의지해서도 안 된다. 나 자신이 우뚝 섰을 때 비로소 나는 온전해진다.

이렇게 생각하면 어떨까? 내 짐이 있고 상대방의 짐이 있다. 내 짐을 들 수 없으면 다른 사람의 짐도 들 수 없다. 내가 건강해야 타인의 짐을 들어줄 힘이 있다. 그런데 상대방의 욕구를 알아차리고 그의 비위를 맞추는데 익숙한 만큼, 내 감정을 이해하고 표현하고 관리하는데 오랜 시간이 걸린다. 그만큼 내가 원하는 것이 무엇인지 아는 일은 힘든 일이다. 그래도 포기하지 말자.

감정을 표현하는
사람들의 공통점

〜〜〜〜 감정을 어떻게 표현해야 할지 모르는 사람들이 의외로 많다. 감정은 무엇을 좋아하는지, 무엇을 원하는지를 아는 것과는 다르다. 기호(preference)는 욕구가 아니다. 라면을 좋아하는지, 김밥을 좋아하는지에 대한 취향도 아니다. 버스를 타는 것보다 지하철이 더 좋다고 하는 것도 아니다. 기호는 해도 그만 안 해도 그만이다.

하지만 욕구(desire)는 인간에게 필수적이고 마땅히 충족되어야 한다. 매슬로(Maslow, A)는 인간의 기본적인 욕구가 생리적, 안전, 사회적, 존경, 자아실현 욕구로 계층화되어 있다고 말한다. 맨 아래의 욕구인 생리적 욕구가 충족되지 않으면 다음의 욕구로 진행되지 않는다.

모든 인간의 욕구는 결핍에서 충족으로 나아간다. 그리고 사람들은 자기에게 최선이라고 생각하는 욕구를 충족하기 위해서 애쓰고 노력하는 과정에서 갈등이 발생한다.

아리스토텔레스(Aristoteles)에 따르면 욕구가 선인지 악인지를 구분하는 기준을 자발성이라 했다. 타인이 권력을 이용해 나를 조종하려고 하는지 무작정 따르면 자신에게 악한 것인지 모르는 비자발적 행동을 하게 된다. 내가 나의 욕구를 어떻게 사용하고 있는지를 알아야 바르게 사용할 수 있다. 욕구는 삶을 지향하는 데 필요한 에너지이다.

가까운 사람들에게 자주 화내는 사람이 있다. 상황이 안 좋아서 예민하게 굴었다고 곧잘 사과한다. 그러나 그럴듯한 명분을 빌미로 반복적으로 화를 내는 것은 자기합리화에 불과하다.

내가 원하는 것이 무엇이라고 말하면서(I-want, I-voice) 자기 이야기만 하는 사람도 잘못된 경우다. 나의 욕구를 안다는 것은 자기의 욕구를 나만을 고려한 채 강요하는 게 아니다. 그리고 자기 안에 갇혀 스스로를 위로하거나 자기주장을 정당화하는 것도 아니다.

그래서 감정을 표현하지 못하는 사람에게 자기를 관찰하라는 권유는 일상적으로 내리는 결정과 선택의 숨겨진 욕구를 찾기 위한 노력이라 할 수 있다. 바쁜 일상에서 무심하게 대하는 자기 자신의 욕구를 찾자는 것이다. 나에게 집중하지 못하는 것에서 벗어나 건강하게 다루는 쪽으로 시선을 돌리면 그동안 보지 못하고 알지 못했던 새로운 나를 만날 수 있다.

감정을 표현하려면 내가 어떻게 사람들과 상호작용하는지 관찰해야 한다. 이때는 나의 볼륨을 줄이고 사람들을 관찰하면서 뭔가 새로운 것을 발견하는 만족감에 초점을 기울여야 한다. 사람들이 어떻게 관계하는지, 그리고 감정을 표현하는지를 관찰하면서 지혜로운 사람들과 폭력적인 사람들, 부드럽지만 자기의 필요를 명확하게 말하는 사람들, 삐뚤어진 관점으로 말하는 사람들과 같은 여러 유형을 간접적으로 살필 수 있다. 다시 말하지만 관찰은 어떤 심리치료나 교육보다도 강력하다. 사람을 관찰한 만큼 인간에 대한 이해가 깊어진다.

욕구를 발견한다는 것은 내가 어떤 식으로 감정을 표현하는지를 발견하는 일이다. 대단한 욕구가 아니어도 내가 원하는 것을 어떻게 표현해야 하는가를 배우는 일이란 쉽지 않다. 자전거를 처음 배우러 나가도 수없이 다치고 넘어진다.

감정을 표현하는 일도 마찬가지다. 나의 욕구와 타인에게 표현하는 것 사이의 균형을 맞추기란 장기적인 안목이 필요하다. 나 자신에게 지치지 않는다면 이 여정은 계속 진행될 수 있다.

나에 대한
공부를
시작합니다

~~~~~~~ 내가 나에 대해 알고 내가 어떤 사람인지, 어떤 욕구를 중요하게 생각하는지를 알면 다른 사람에게 자신을 소개할 때도 훨씬 자연스러워진다. 또 무례한 이들을 만나게 돼도 그들로부터 내 심리적 공간을 침해받지 않을 수 있다. 왜냐하면 내가 어떨 때 기분이 나쁜지, 화가 나는지 알기 때문이다.

화가 난 것을 안다는 것은 나에 대한 보호이고 타인에 대한 배려이기도 하다. 이 질서는 유지되어야 한다. 마치 포용할 때 너와 나의 거리가 존중되어 얼마간의 간격을 유지하고 누가 먼저 인지 전혀 눈에 띄지 않는 것처럼 말이다.

자존감이란 다른 사람의 무례함이나 예상치 못한 사건으로 생긴 어려움 속에서도 나 자신을 믿고 스스로 붙들고 지탱하는 힘이다. 자존감이 충만하면 화가 나는 일이 생겨도 그 사건으로부터 나를 지킬 수 있다.

　내가 원하는 것이 무엇인지를 아는 사람은 또한 내가 화나는 것이 무엇인지를 이해하고 있다. 성공과 인정, 기대를 원하는 사람이 그런 기대가 무너질 때, 혹은 배신을 당할 때 기분이 나쁘고 화가 나는 것은 당연한 일이지만 자연스럽게 화나는 감정을 표현한다는 점에서 다른 사람과 다르다.

　그래서 분노는 내가 중요하게 생각하는 것이 무엇인지를 알려준다. 친구에게 된통 당하고 집에 와서 진짜 내가 하고 싶은 말을 못 했다며 부끄러워하는 후회나 절망을 하지 말자. 나 자신에게 실망을 느끼는 그런 상황에서도 유연성있게 대처하려면 나에 대한 지식이 있어야 한다.

　나는 글을 쓰기 전 책상 위를 정리하는 편이다. 내가 원하는 것은 깨끗한 환경이다. 깨끗해야 일할 때 훨씬 편안해진다. 곧 지저분하게 책들이 널려 있을 테지만 그래도 첫 시작은 정리로 시작된다. 아침에 출근하면 물티슈로 자리를 닦는다. 그런데 매번 내 자리에 옆 사람의 물건이 올려져 있다. 한두 번도 아니고 자주 그랬다. 아침부터 짜증이 났다. 어떻게 해야 할까?　내 물건에 손대는 것을 좋아하지 않는다고 말할까, 주의해달라고 요청할까, 여러 생각이 스쳐 갔다.

나는 말할 때 인상이 좀 굳어진다. 그래서 가볍게 말하려고 꺼낸 건데 내 의도와는 다르게 관계가 어색해질 때가 있다. 서투르기 때문에 누군가에게 너무 맞추거나 아니면 너무 질색하면서 말하기 때문에 잘 말할 수 있을지가 고민스럽다. 이럴 때는 조금 더 연습을 하고 말하면 된다. 내가 원하는 것은 깨끗한 환경이지 다른 사람과 불편해지는 게 아니다.

또한 내가 원하는 기대를 상대방에게 기대할 수 없다. 예전 같았으면 나는 상대가 기꺼이 내 책상에 있는 것을 치워야 한다고 가르치려고 했을 것이다. 상대를 좋지 않게 생각한 상태에서 나의 감정을 전달하면 그 일이 옳다고 생각해도 상대는 방어하려고 할 것이다. 상대를 고치려 하기보다 깨끗한 자리를 원하는 내 욕구를 알고 그것에 충실해지는 방법을 찾으면 된다.

내가 무엇을 좋아하는지 그리고 어떨 때 화가 나는지를 알면 우리는 상대방에게 내 감정을 유연하게 설명하거나 표현할 수 있다. 때론 웃으며 부탁할 수 있다. 심각하게 반응하는 것을 피할 수 있다. 감정적으로 얽힌 상태에서 짜증을 내거나 일부러 갈등이 일어나는 것이 싫어서 회피하는 것과 다르다.

감정을 표현한다는 것은 내 주장이나 기분을 더 낮게 만들려는 것이 아니다. 나의 스트레스 요인들을 다루고 적절하게 분노를 조절하거나 자기의 의견을 표현하도록 방향을 전환하기 위한 일이다. 기분이 상해서 혼자 화를 삭이거나 옆자리에 앉은 동료에게 종일 말을 걸거나 대답하지 않는 해로운 방식으로 전개되지 않도록 막아준다.

나는 조용한 분위기를 좋아하는 사람이다. 시끄러운 게 싫다. 이것을 내가 알고 있어야 다른 사람의 대화에 여유롭게 대처할 수 있고 내가 집중할 수 있는 환경을 재구성할 수 있다.

내가 혼자 있기를 좋아하는 사람이라면 왜 사람들을 만나면 피곤한지, 그리고 집에서는 왜 그토록 쉬려고 몸부림을 치는지 알 수 있다. 그리고 내가 다른 사람과 다르듯 다른 사람도 자신만의 욕구가 있음을 이해할 수 있게 된다. 거기까지 가려면 아직은 멀고 힘든 작업이지만 사람들 때문에 실망스러워하거나 기분 나빠하는 순간에도 유연하게 대응할 수 있는 실력을 키울 수 있다.

나는 너를 위해
웃지 않겠어

〰〰〰 웃고 싶지 않지만 웃어야 할 때가 있다. 사람들을 자주 만나며 상담하고 소개하고 이야기를 들어주는 직업을 가진 사람일수록 자기감정을 얼굴로 여실히 드러낼 수 없다. 줄지어 사람들이 나갈 때 인사를 하는 역할을 맡으면 사람들을 보고 웃어야 한다. 지금 나의 감정보다 사람들을 향한 내 역할에 충실해야 한다. 직업과 역할에 충실한 나는 입 주변에 경련이 생기는 일도 있었다.

가끔 그래서 슬펐다. 나는 왜 웃어야 하지? 몸이 아파도, 힘이 들어도, 아무리 슬퍼도 웃으라고 배웠고 그렇게 하는 것이 옳다고 생각했다. 그렇게 살다 보니 나를 잊어버렸다. 내 마음을 상자에 넣고 잠가 버렸다.

그래서 내 마음이 어떤지 몰랐었다. 나보다 다른 사람을 먼저 챙기는 일을 일상처럼 하고 있으니깐. 내가 이타적인 사람인 줄 알았다. 하지만 집에 오면 전혀 그런 사람이 아니라는 걸 금세 알게 된다. 가장 편한 사람에게 보여주는 모습이 내 진짜 모습이다.

사람들에게 웃어주는 감정노동자로 살다 보니 웃는 얼굴을 얻고 다른 표정을 잃었다. 내 표정은 항상 똑같았다. 누가 나를 보지 않아도 웃고 있다. 두렵다. 웃고 싶지 않아도 웃고 있다. 학자들은 웃기만 해도 행복하다고 좋은 일이 생긴다고 말한다. 그런데 나는 그런 것 같지 않다.

자기가 자기를 바라보는 것, 그것을 거울 자아(mirrored-self)라고 한다. 사춘기 시절, 수도 없이 거울을 보면서 이렇게 말했다. 너 정말 못생겼구나. 사람은 내면의 거울을 가지고 있다. 이 거울은 주위 사람들이 나에 대해 말하는 것이나 대하는 태도를 조각조각 모아 붙여 만든 것이다.

많은 사람들이 덕지덕지 붙은 모습의 거울을 보며 나라고 생각한다. 그래서 사람들이 말한 것들을 조각으로 붙여 만든 거울이므로 내가 아닌 다른 사람이 원하는 대로 산다. 어른이 되었는데도 여전히 내 인생이 아닌 것 같고 내가 주인이 아닌 것 같은 느낌이 든다면 당신의 거울을 살펴보라. 혹시 다른 사람이 준 지식, 의견, 이미지 등을 가지고 내가 보는 거울을 만든 것은 아닌지 말이다.

지금은 별로 웃지 않는다. 이게 진짜 나다. 사람들이 하는 말이 다 맞는 게 아니다. 웃고 싶을 때 웃어야 진짜다. 진짜 웃음이 상대에게도 도움이 된다. 거짓으로 웃는 미소와 말들은 소름 끼친다. 관공서나 고객센터에서 듣는 목소리가 이런 것 같다. 말투는 좋은데 공감은 받지 못하는 그런 기분이다. 무슨 말인지 아무리 말해도 들어주지 않는 벽과 대화하는 기분이다.

웃음도, 분노도, 내 감정과 생각이 다를수록, 그리고 그것이 반복될수록 나를 잊게 만든다. 나를 잊은 사람은 타인을 만나고 대화해도 내가 없기에 겉으로는 아무런 일이 일어나는 것 같지 않지만 나를 소외했기에 그에 대한 값을 치러야 한다.

타인도 내가 있어야 존재한다. 그런데 나를 잃으면 타인은 서비스해야 하는 사람으로만 남는다. 사람을 만나도 나를 어떻게 볼지를 내가 아닌 타인에게 맡기고 있지는 않았는지 생각해볼 필요가 있다. 어떤 사람은 받는 것은 이상하고 주는 게 편한 사람이 있다. 그래서 힘이 든다. 직장에서 일하고 오면 피곤한 이유도 이런 이유는 아닐까?

극과
극은
통한다

~~~~~ 대부분 사람은 직장에서 일할 때 감정을 배제하는 사람을 훨씬 좋아한다. 감정을 드러내는 사람은 자기관리가 뛰어나지 못하다는 평을 받는다. 그런데 감정이 없다면 인공지능 컴퓨터와 다른 점이 뭘까? 별로 없다. 곧 인공지능이 사람을 대체할 세상이 온다고 말하지 않는가. 감정이 사라진 채 혹은 감정을 흉내 내는 상냥한 목소리를 탑재한 컴퓨터가 인간의 자리에 앉아 있을 것이다. 인간다움은 감정에 있는데 말이다.

19세기 중반 프랑스 신경생리학자였던 뒤셴(Duchenne, G.)이 발표한 뒤셴 미소(Duchenne smile)가 있다. 뒤셴 미소는 인간이 웃는 모습 속에서 진짜 미소를 찾는 방법이다. 뒤셴은 사람들이 다 웃는 게 진짜가 아니라는 것을 발견했다. 그런데 어떻게 하다가 그는 이런 희귀한 실험을 하게 된 걸까?

뒤셴의 아내는 아들을 낳다가 죽었다. 사람들은 그에 대한 거짓 소문을 만들어 아들을 키울 수 없도록 빼앗았다. 그래서 평생 실험과 관찰로 시간을 보냈다. 그러다 보니 아이의 자연스러운 웃음과 서비스하듯 웃음을 주고받는 사람들의 웃음에 차이가 있다는 것을 알게 되었다.

그는 사람의 표정을 관찰하면서 42개의 얼굴 근육 중에서 웃음에 필요한 두 가지 근육인 대협골근(大頰骨筋)과 안와근(眼窩筋)을 사용할 때 진짜 웃음이라는 것을 알았다. 가짜 웃음과 달리 진짜 웃음은 인간에게 행복을 주고 인간을 치유한다. 그러나 가식적이고 형식적인 웃음은 효과가 없다. 바로 이것이 웃음의 미학이다.

화내는 것은 안 되고 웃는 것은 된다고 세상은 말한다. 하지만 진짜 웃음은 거울 속에 없다. 다른 사람을 위해서 거울을 보며 '아, 에, 이, 오, 우'로 입을 풀고 웃어주는 것 대신 이제는 나에게 웃어주자. '괜찮아. 잘했어. 수고했어.' 나를 토닥여주는 말들이다.

나를 행복하게 만드는 말들을 들려주며
나를 위해 함빡 웃어주자.

이기적이지 않냐고,

나만 생각하는 것 아니냐고? 아니다.

나를 챙길 때

다른 사람을 돌볼 수 있다.

내가 너의 도움 없이

나를 살필 수 있을 때

나는 충분한 나로 설 수 있다.

휴대폰은 100% 충전이 되면 더는 충전되지 않는다.

나도 100%로 충전되면 다른 사람에게 기대지 않고

나의 삶을, 그리고 너의 삶을 응원할 수 있다.

내가 나를 충전할 때

너는 나의 바람이나 욕구를 채워줘야 하는 마네킹이 아니고

나 역시도 너에게 그러한 존재가 아님을 안다.

죽어있는 나의 표정과 감정에 생명을 불어주는

마음의 제세동기는

다른 사람이아닌 나에게 가장 필요하다.

Chapter 4

생각과 감정이 같아야 한다

거절을
못 참는
사람에게

~~~~~~~~~~ 상대방도 나처럼 자신의 욕구를 표현할 수 있다는 것을 머리로는 이해한다. 하지만 막상 상대방이 나의 바람을 거절하면 서운한 마음을 숨길 수 없다. 문제는 서운하고 끝나면 괜찮은데, 그것을 계속 기억하고 생각하고 곱씹는다는 점이다. '나는 힘들어도 너를 위해 도왔는데 너는 피곤하다고 나의 의견을 거절했어'부터 시작해서 '어떻게 거절을 할 수 있지?' 하는 생각에 생각이 꼬리를 물고 계속되도록 둔다.

남자친구가 맛있게 먹고 있던 핫도그를 내가 한 입만 달라고 했다. 싫다고 거절했다. 퇴근할 때 남편에게 양파를 사 오라고 했는데 거절당했다. 상사에게 올린 보고서가 거절됐다. 즐겨 먹던 도

넛이 떨어졌다. 되는 일이 하나도 없는 하루다. 단순한 거절이 또 다른 거절을 불러오는 것 같다. 아무것도 아니라는 걸 알지만 되는 게 하나도 없는 하루 같다.

주말에 어디 좀 같이 가자고 했는데, 친구가 바쁘다고 거절했다. 이해가 안 되는 건 아니었다. 그래도 서운했다. 곱씹어 생각해 보니 나는 거절한 적이 별로 없었던 것 같았다. 밤늦게까지 이런 생각을 하다 보니 아침에도 피곤했다. 친구가 전화를 걸어왔다. 티를 내고 싶진 않았지만, 생각과 다르게 목소리가 가라앉아 있었다. 나는 아무렇지 않게 전화를 받을 수 없었다. 약간 냉랭해진 분위기를 감지한 친구는 어제 자기가 거절해서 그런 거냐고 미안하다며 말을 걸어왔다. 아니라고 했지만 그게 맞았다. 아무것도 아닌 일인데 나는 우리 사이를 심각하게 재고할 만큼 고민스러웠다. 거절을 못 하니 나는 상대방의 거절도 잘 수용하지 못한다.

친하게 지내던 동료가 내가 쓴 기획안에 반대의견을 냈다. 그 앞에서는 창피해서 티를 내지 못했지만, 단순히 내린 개인 의견이라고 생각되지 않았다. '네가 어떻게 나한테' 우리는 거의 매일 점심을 같이 먹었었다. 하지만 회의가 끝난 뒤, 뭐 먹을지를 묻는 그에게 기분 나쁜 티를 내고 싶어졌다. "나, 점심 약속 있어." 사실 점심 약속이란 없다. 지금 너를 보고 싶지 않다는 말을 돌려 했다.

혼자 점심을 먹으러 나갔다. 나는 너의 말도 안 되는 제안을 친한 동료라고 생각해서 좋다고 해 줬는데 너무하다는 생각이 들었다. 그러고 보니 나는 항상 너의 편을 들어준 듯했다. 나는 이렇게까지 했는데 너는 사람들 앞에서 내가 그토록 고심해서 만든 기획안을 뭉개버리다니…. 생각할수록 분노가 머리끝까지 치솟는다. 짧은 점심시간으로 화가 꺼지지 않았다. 회사 근처 카페로 동료를 불렀다. 아까 왜 그랬냐고 묻자 그냥 개인 의견이었다고 한다. 이것 때문에 불렀냐며 어의없어 하는 태도에 속이 더 상했다.

거절당하는 일이 유독 더 힘든 사람이 있다. 거절하면 상대를 대하는 모습이 곧 원수를 대하듯 순식간에 바뀌는 사람이 있다. 거절할 수 있다는 건 알겠는데 마음이 상하고 상처받았다는 생각이 떠나지 않는다. 그래서 더 화를 내고 싶어진다. 이런 사람은 거절이 자신의 전 존재가 무너지는 것 같은 느낌을 받아서 그렇다.

나는 거절을 못하는데, 정작 자신이 거절을 당하니 힘든 게다. 지금껏 나는 관계를 생각해서 거절하지 않았다. 나도 거절할 수 있었지만 참았다. 그런데 거절당하니 생색이 올라온다. 나는 너를 위해 이렇게 했는데 너는 어떻게 나에게 거절할 수 있냐는 식의 마음이 생긴다.

　관계를 위해서 나의 요구는 희생해도 된다고 생각했다. 그래서 몸이 좀 피곤해도 관계를 위해 나 자신을 희생할 만큼 더 중요하게 여긴 게 사실이었다. 회식 후 배가 불러도 너를 만나면 배가 고픈 너를 위해 같이 먹어줘야 한다고 생각했다. 네가 나에게는 그만큼 중요한 사람이니깐 그렇게 하는 게 이상하지 않았다.

　적어도 내가 해 온 방식대로 내가 너에게 맞췄듯 너도 나에게 맞춰야 한다고 생각했다. 하지만 그것에 대처하는 방식이 서로 달라 문제가 생겼다. 그렇다. 상대는 상황이 안 돼서 안 된다고 했을 뿐이다. 그런데 나는 그 말을 듣고 서글펐고 그래서 나도 이제는 다른 방식으로 너에게 대우할 것이라고 마음먹고 있다.

　내 요구가 상대방에게 받아들여지지 않으면 상처를 주고 싶어진다. 관계를 정리하고 싶다는 마음이 들면 이런 일은 별로 어렵지 않다. 그런데 자주 이런 일이 반복된다. 나의 패턴이다. 내 의견을 거절하면 너는 나를 거부한 것이다. 곧잘 이런 식으로 상처를 풀어갔다. 그런데 문득 이건 아닌 것 같다는 생각이 든다.

마음대로
생각하는
습관을 버려야

～～～～ 내가 하는 기대가 있다. 상대를 생각할 때 이정도쯤은 나에게 해주겠지 하는 기대 같은 일이다.

남자친구와 싸우고 집으로 돌아오는 길이었다. 버스를 타고 집에 가는데, 내 마음은 남자친구가 집 앞에서 기다려줬으면 했다. 물론 그런 여지를 주지도 않았고 솔직하게 얘기한 적도 없다. 하지만 그렇게 기대하고 있었다.

그리고 내가 한 기대처럼 네가 내 집 앞에서 기다려 준다면, 나는 조금 더 이야기하고 그냥 없던 일로 해야겠다고 생각했다. 그를 다시 볼 생각에 버스 안에서 머리를 다시 빗고 화장을 고친다. 아까 싸우느라 정리하지 못하고 끝났던 이야기들을 다시 떠올려본다. 40분이나 걸려 버스에서 내렸다. 힘이 빠진 어깨로 가방을 겨우 들고 금방이라도 뒤에서 누가 들어주기를 바라는 연약한 모습을 연출한다.

이제 거의 집이다. 가로등이 깜빡거린다. 코너만 돌면 집이다. '남자친구가 기다리고 있겠지. 자기가 잘한 게 없으니깐 기다리고 있을 거야. 차로 15분이면 오는데 그냥 집에 들어가지 않았을 거야.' 혼자 시나리오를 쓰면서 어느새 코너를 돌고 있었다. 아무도 없다. 화가 더 난다. '뭐야. 그렇게 하고도 집 앞에서 기다리지 않는다고?' 혼자 기대하고 실망하고 일인극의 막장드라마를 찍는다.

너랑은 이제 끝이다!

집에 도착해 방에서 나오지 않았다. 남자친구의 전화가 계속 울린다. '받지 않겠다. 너는 나를 실망하게 했다. 너는 오늘 우리 집 앞에서 나를 기다려야 했어!' 이런 생각이 떠나질 않는다. 여러 번 전화해도 받지 않자 남자친구는 문자를 보냈다. 읽은 척하지 않고 핸드폰을 들여다보고 바로 내려놨다. 미안하다고 하는 남자친구의 문자에 비웃음이 나왔다. '미안하다고? 미안하면 네가 어떻게 해야 하는지 모른단 말이야?' 아무런 답장도 보내지 않고 잠을 자버렸다. 핸드폰을 무음으로 한 상태로.

다음 날, 출근 준비를 하고 또 기대하기 시작한다. '어제 내가 그렇게 전화를 안 받았으니 아침에 집 앞에서 기다리고 있겠지? 내가 몇 시에 출근하는지 알고 있으니까 미리 대기하고 있을 거야.' 화장을 서둘러 마치고 커피 우유에 빨대를 꽂아 주룩대며 집을 나섰다. 대문을 삐걱 연다. 없다. 아무도!

화가 머리끝까지 치솟는다. 이젠 정말 끝이다. 이런 경우가 한두 번이 아니라는 생각이 들었다.

혼자 드라마를 쓰고 여러 번 실망하는 것이 싸운 기억보다 더 자신을 지치게 한다. 상대에게 알려주지 않고 말하지도 않았으면서 내 마음을 알아주지 못한다고 실망한 적이 혹시 있지 않은가? 당황스러운 상대방은 내가 왜 그렇게 기분나빠 하는지 이해하지 못한다. 하지만 나는 오히려 상대에게 충분히 기회를 줬다고 생각하기에, 관계를 그만 끝내려고 한다.

한참 시간이 지나고 오늘과 같은 날을 후회한 적이 있다. 내가 심했던 것은 아닌지 생각하게 된다. 만약에 내가 직접적으로 말을 했다면 어땠을까? 조금만 더 일찍 내 마음을 표현했더라면 우리는 어떤 모습이었을까?

어리석게도 우리가 화가 나는 이유는
상대방에 대한 기대 때문일 때가 많다.

"나는 너를 기대한다."

그런데 이 기대는 상대방이 내가 원하는 대로 해주기를 바라는 기대라서, 사이가 가까우면 가까울수록 우리는 그게 당연하다고 생각한다. 기대만 하는 사람은 불만이 많은 사람이다. 나의 기대가 물거품이 되면 태도가 바뀌는 그런 사람이 얼마나 많은지 모른다. 그러나 나를 낳은 부모도 나의 속마음을 알 수 없다. 쌍둥이도 내 마음과 같지 않다. 그런데 상대방이 내 마음을 알아서 해줘야 한다고 생각한다면 그건 억지다.

내 마음대로 생각하는 습관을 버리면 우리의 관계는 발전할 수 있다. 내가 상대에게 화가 난 이유가 그 일 때문이 아니라 스스로 꾸민 기대라는 것을 알아야 한다. 거절은 내 존재에 대한 것이 아니라 하나의 의견이라는 것을 객관적으로 받아들일 수 있어야 한다. 일방적인 희생을 요구하는 관계는 서로를 속인다. 분노를 건강하게 표현하는 방법을 배울 때 내 생각이 옳고, 내 판단만 옳다는 편협한 사고에서 벗어날 수 있다. 그리고 그 어떤 거절도 건강하게 받아들일 수 있다는 것을 배울 수 있어야 한다.

화내는
방식이
다르구나

~~~~~ 어떤 사람은 화가 나면 당사자에게 달려가 곧바로 감정을 드러낸다. 그래서 주변 사람들은 그를 조심한다. 무언가 마음에 들지 않으면 갈등이 생기더라도 그 문제에 대해 반드시 말을 해야 한다고 생각하는 사람이 있다. 말하는 것을 자신의 권리라고 생각한다. 화가 날 때 적극적으로 표현할 뿐 아니라 다른 사람의 마음이나 상황을 헤아리지 않고 공격한다.

그런데 이런 유형은 공격형(Aggressive Style)으로 자신이 화가 났다는 것을 온몸으로, 모든 얼굴 근육과 자세로 표현하는 사람이다. 주먹을 쥐기도 하고 몸을 말하는 대상에게 기울이기도 한다. 상대방이 나랑 다른 의견을 낸다 생각되면 그 말을 중간에 잘라버리고 자기 얘기를 한다. 흔히 후배나 동년배라고 생각하면 더

심해진다. 자신만 옳다고 생각하기 때문에 다른 사람의 말은 듣지 않는다. 심지어 상대방의 말은 핑계를 둘러대는 것으로 생각한다. 그러다 보니 주변에서는 이 사람을 웬만해서 건드리려 하지 않는다. 이러한 사람들의 태도는 자기가 중요한 사람이라 착각하기 때문이다.

공격적으로 자기가 화났다는 것을 표현하는 사람은 친구들 사이에서도 항상 비슷한 형태이다. 자기는 이렇게 살아왔고 이런 식으로 할 수밖에 없다며 못 박는 스타일이다. 고칠 생각은 없다. 나는 원래 이렇게 태어났고 지금껏 이렇게 살아왔다는 것이다. 그런데 이런 사람도 자신보다 더 강하고 힘이 센 사람 앞에서는 다른 태도를 보인다.

공격적으로 화내는 사람은 자기가 원하는 것이 분명하다. 직원들이 며칠을 야근하고 고생한 것보다 내 마음에 드느냐가 더 중요하다. 과정은 생략되고 알려고 하지도 않는다. 억지 논리를 가지고 궤변을 늘어놓아도 누구 하나 소신껏 말하지 못한다.

직원들에게 소리를 지르고 왜 거래가 되지 않았는지를 실컷 화를 내더니 갑자기 회식을 권한다. 화낸 자신의 민망함과 무모함을 덮으려는 회식으로 밖에 생각되지 않는다. 갑작스러운 회식에 원래 있던 약속도 취소해야 하고, 가고 싶지 않은 데 가야 하니 즐겁지 않다.

공격적으로 자신이 화가 났다고 표현하는 사람은 집에서도 비슷하다. 오늘은 기분이 나빠서 한잔한다고 말한다. 어제 술을 마실 때와 다른 이유다. 기분이 나빠서 한잔, 즐거워서 한 잔이다. 먹는 것으로 푼다. 당연히 한 잔으로 마치지 않는다. 대여섯 병 정도는 한자리에서 해치워야 좀 마신 듯하다. 오늘의 기분은 술병을 적삼아 술을 이길 태세로 달려든다. 옆에서 그를 바라보는 가족들은 불안하다. 저러다가 또 다른 짓을 할지 모르기 때문이다.

아이들도 그렇다. 갑자기 기분이 안 좋다며 문구점에 들려 사고 싶은 물건을 잔뜩 고른다. 지금 내 기분을 대체해 줄 물건을 사고 있다. 그 물건을 산다고 기분이 좋아질 일은 없을 텐데 그렇게 믿고 있다. 어른들은 기분이 안 좋다며 자기를 위한 선물을 산다. 홈쇼핑에서 물건을 마구 고른다. 네가 나를 화나게 했으니 네 카드로 이 물건들을 사버리겠다는 식이다.

공격적인 스타일은 분노를 푸는 방식이 극단적이다. 이거 아니면 저것이다. 원칙은 없다. 지금 해소해야 하는 감정만 있다. 나는 화를 내도 오래가지 않는다고 떳떳하게 말하는 사람이 있다. 그는 이미 자신이 충분히 화를 냈다는 사실조차 인식하지 못하면서 말이다.

공격적인 방식과 반대되는 스타일은 수동적인 유형(Passive Style)이다. 일단 화가 나면 더 침착해진다. 아무 일이 없었던 것처럼 행동하기 때문에 주위 사람들의 관심을 덜 받는다. 수동적으로 분노를 해결하는 사람들은 갈등이 생기면 자기의 감정을 차단한다. 힘든 게 문제가 아니라 갈등이 일어나고 있는 사람들 사이에 끼어있는 자기 자신이 어렵다. 문제가 되는 사안에 대해 말하지 않기 때문에 다른 사람이 볼 때 감정적이지 않은 사람이거나 이성적이라고 오해한다.

간혹 친구들의 이야기를 들어주느라 여기저기 끌려다닌다. 이 사람의 의견을 들으면 이 사람이 맞는 것 같고 다른 사람의 의견을 들으면 다른 사람이 맞는 것 같다. 그러다가 두 사람이 화해하면 이간질하냐고 오해를 받기도 한다. 왜 엉뚱한 나에게 이러냐고 소리라도 지르고 싶지만 그것도 참는다.

이런 유형의 사람은 다른 사람의 느낌과 반응에 따라가기 때문에 제일 좋아하는 것이 편안함이다. 자기 방식대로 감정을 표현하는 것은 혼자서 하는 활동들인 게임, 식사, 쇼핑 등이다. 너무 힘들 때는 빨리 집에 들어가 자기가 좋아하는 치킨 한 마리를 먹으며 TV 시청을 하는 게 최고다. 가족 안에서 문제가 생기면 저녁을 거르고 일찍 자버린다.

하지만 문제에 대해 말하지 않는다고 문제가 해결되는 건 아니다. 가리개로 가리고 그쪽을 보지 않는다고 없어지는 것이 아닌 것처럼 말이다. 제대로 해결하지 않으면 문제가 나를 문제 삼는다.

분노를 수동적으로 표현하는 사람은 해야 할 일을 느리게 처리하거나 다음으로 미룬다는 것을 알아차려야 한다. 혼자 소심하게 하는 복수나 응징 같은 것도 찾아봐야 한다. 대체로 분노를 표현하는 것을 잘 보지 못하고 자라서 어떻게 화내는 것인지 모르는 경우가 많다. 혹은 분노를 너무 공격적으로 다루는 사람을 보고 자란 탓에 저 사람처럼 하면 안 되겠다는 잘못된 신념을 가지고 있기도 하다.

어떤 사람은 화가 나면 적극적으로 공격하기보다 은밀하게 표현한다. 앞에서 설명한 수동형과 공격적인 방식을 혼합한 수동공격형(Style of Passive-aggressive Anger)의 스타일이다. 화가 났다는 것을 표현하지만 다른 사람의 눈치를 살피기 때문에 소극적으로 표현한다. 상사에게 혼이 나서 기분이 상했을 때 부서에서는 조용히 있지만, 휴게실에 가서는 친한 동료 앞에서 자기의 이야기를 전부 터놓는다. 사람들 앞에서 화가 난 티를 내지 않지만 뒷담화가 활발한 사람이다.

수동공격형의 태도를 지닌 사람들은 은밀하게 공격할 때를 살핀다. 상사에게는 알겠다고 얘기하고 뒤에서는 자기 고집대로 일을 추진하거나 자기가 원하는 방식으로 한다. 아니면 같이 해야 할 일에 잘 협조하지 않거나 일부러 알려주지 않아 상대방이 곤란해지게 내버려 두기도 한다.

그래서 수동공격형은 언젠가 상대를 벼르고 있다가 공격할 때가 나타나면 자기가 당한 일을 꼭 갚아주려고 한다. 직접 표현하지 않았기 때문에 상대는 이 사람을 의심하지 못하지만 후에 좋지 않은 소문을 퍼뜨린 당사자가 그라는 사실을 알게 되면 꽤 놀란다. 자기와 썩 괜찮은 관계인 줄 알았던 사람들은 큰 충격이 아닐 수 없다.

좋아하는 음식이 뭔지를 알고 있는 아내는 남편이 자기에게 잘하면 몸에 좋은 음식으로 한 상 가득 차린다. 하지만 남편이 자기 마음에 들지 않으면 밥을 차려주지 않거나 반찬 가짓수를 줄임으로 화난 마음을 대신 표현한다.

회사에서 자기가 기분이 좋으면 재활용을 정리하고 꽃꽂이도 하고 설거지 등의 봉사를 하지만 기분이 나쁘면 아무것도 하지 않는다. 누가 시키지 않아도 알아서 했던 일에 불쾌한 감정을 여실히 드러낸다. 물건, 동물, 친구를 대하는 태도를 통해 자기의 기분을 간접적으로 나타낸다. 차라리 무엇 때문인지를 알려주면 좋을 텐데 미성숙한 태도는 상대를 소외시키고 자신의 약점과 맞물려 가식적이고 위선적인 모습으로 발전할 수 있다.

수동형의 사람은 다른 사람을 아프게 하지 않지만 자기를 병나게 하는 사람이다. 스트레스 때문에 아프지 않은 곳이 없다. 머리가 자주 아프고 소화를 잘하지 못한다. 심할 때는 몸살과 같은 통증이 반복된다. 병원에 가도 뚜렷한 병명을 못 찾는다. 그저 이렇게 몸이 아플 때는 내 감정을 표현하는 대신 아프다는 말로 상대방에게 도움을 청하는 건 아닌지 생각해봐야 한다. 내가 아쉬울 때, 혹은 화가 날 때 어떤 통로로 상대에게 말을 거는지 알아야 한다.

공격형의 사람은 지금 당장 문제가 없다고 여길지 모른다. 자신은 불편하지 않고 문제가 없다고 생각하기 때문이다. 하지만 공격적으로 화를 표현하는 방식은 다른 사람을 불편하게 만들고 주변 사람을 지치게 한다. 그래서 주위에 사람이 없다. 모두가 떠나기 때문에 또 서운하고 결국 가족만 겨우 남아있다.

수동공격형의 사람은 자기가 펼쳐놓은 꾀에 빠져 곤란한 일을 겪는다. 머리를 써야 할 때와 진실해야 할 타이밍을 놓치면 내 말을 믿어줄 사람이 없다. 공격의 부메랑은 다시 던진 사람에게 오게 되어 있다. 분노를 표현할 때 건강한 방식으로 전환해야 하는 이유이다.

감정이
몸으로 보내는 신호,
내 마음을 읽어줄래?

~~~~~ 때때로 우리는 가고 싶지 않은 모임에 가야 할 때가 있다. 내가 왜 그곳을 가야 하는지 이유를 알 수 없는 모임에 지도교수가 나오라고 한다. 누군가를 소개해 준다고 하지만 내가 알 필요 없는 사람이다. 교수는 그저 나에게 밥을 사라고 부른다. 화려한 미사여구에 속을 나이가 아니다. 그 음흉한 속내를 알면서도 나가야 하니 속이 뒤틀린다. 바보스럽고 한심하게 느껴진다. 벌써 이게 몇 번째인가? 갈 생각을 하니 벌써 배가 아프기 시작한다.

가고 싶지 않은 모임에 참석한다고 나처럼 배가 아프지는 않을 것이다. 사람마다 다른 반응이 있으리라. 어떤 사람은 약속 시각이 다 되어 갑자기 급한 일이 생겼다며 죄송하다고 메시지를 보낸다. 다른 사람은 처음부터 거절한다. 또 다른 사람은 나처럼 화장실을 들락거리며 약을 먹고 겨우 모임에 참석한다.

몸은 우리의 감정과 생각을 여과 없이 표현한다. 마음이 불편하면 몸에서 갑자기 이상한 반응을 보인다. 마음은 몸과 연결되어 있어서 때로는 몸이 마음을 대신 읽고 표현한다. 그래서 몸은 단순히 정신을 담는 그릇이 아니라 마음의 일차적 내용이다. 마음에서 일어나는 일을 오랫동안 읽지 못하고 살아온 사람에게 몸이 주는 최소한의 메시지를 읽으면 마음을 알 수 있다.

나는 불안할 때 설사를 한다. 강의해야 하는 바로 몇 분 전까지도 자리에 앉지 못할 때가 있다. 강의 내용을 상기해도 부족할 시간에 화장실 의자에 앉아 나오지 못하고 끙끙대며 십 년을 보냈다. 떨리는 건 알겠는데 도대체 왜 이런지 알 수가 없었다. 신기한 건 이렇게 배가 아프고 머리가 아프다가도 집에 가면 입맛이 돌아오고 화장실에 가지 않아도 된다. 거짓말처럼 몸이 다시 괜찮아진다.

내가 원하는 것을 표현하지 못하니 몸이 대신 말해준다. 그렇게 하지 말라고, 너 자신을 너무 괴롭히지 말라고 몸이 메시지를 보내고 있다. 하지만 나는 몸이 보내는 메시지를 중요하게 생각하지 않았었다. 늘 해야 할 일이 먼저였다.

그러던 어느 날 공황장애가 왔다. 한 번도 숨 쉬는 것이 불편한 적이 없었다. 숨에 대해 생각하지 않고 살아야 정상이다. 그런데 공황장애는 이러다 죽을지도 모른다는 공포를 준다.

공황장애를 겪으며 2년 넘게 약을 먹었다. 거의 나은 것 같다고 생각될 때도 가끔 이유 없이 호흡이 버거울 때가 있다. 내가 처음 길거리에 쓰러진 날이 생각난다. 공격적인 내 상사는 남의 사정이나 의견은 듣지 않는 사람이었다. 그를 설득하려고 노력도 하고 그에게서 벗어나려고 일을 접으려고도 했다. 하지만 그 때문에 내가 지금껏 해 온 일을 떠나기란 너무 아쉬웠다. 이건 내 역사이고 추억이고 희생이고 꿈이었다. 하지만 그와는 말이 통하지 않았다. 멀리 이민이라도 가고 싶은 마음이 들 정도로 힘들었다.

시간이 지날수록 나와 그의 관계를 생각하게 되었다. 나는 그의 먹잇감이었다. 몸이 죽을 만큼 아픈 뒤에야 그가 시키는 대로 하는 꼭두각시 인형 노릇이 너무 싫어졌다. 머리와 가슴 사이가 막혀서 숨을 못 쉬도록 조이고 있는 것 같았다. 그렇게 집으로 가던 길 숨을 쉬지 못하고 길바닥에 쓰러졌다.

몸은 나를 지탱하지 못하고 내팽개치게 했다. 손끝과 발끝이 오므라들기 시작했다. 저리고 마비가 오는 통증도 생겼다. 구급차에 실려 병원에 갔다. 정신을 차리라는 구급대원의 말에 아무런 반응을 할 수 없었다. 그동안 자기를 얼마나 무시했는지 나에게 보복이나 하는 것처럼 몸이 돌아오지 않았다. 그렇게 얼마나 시간이 흘렀는지 몰랐을 즈음에 말을 할 수 있게 되었다. 그런데 이상하리 만큼 그 일 후에 마음이 자유로워졌다.

'내가 그동안 많이 아팠구나. 힘들었던 게야.
너는 그것을 알고 나에게 말을 걸어주었구나.'
몸이 보내는 메시지가 고마웠다.

몸이 나를 위로한다.

인제 그만 쉬라고. 다 내려놓으라고. 억지로 붙잡았던 관계의 끈 도, 미련도 다 잘라내라고. 그리고 다시 시작하라고 말을 건넨다. 나는 몸이 나에게 말을 거는 게 싫었었다. 가벼운 발제를 할 때도, 큰 강의를 할 때도 배가 아픈 게 싫었다. 무언가 하려고 하면 몸이 항상 내 앞길을 막는 것 같아 싫었었다. 이놈의 몸뚱이 정말 마음 에 안 들었었다. 그런데 이제는 안다.

나를 살린 건 몸이었다는 걸.
몸이 내게 말 걸어줘서
내가 살았다는 것을.

Chapter 5

화를 내도 얻는 게 있다

내가 보는 게
전부가
아니잖아

〰〰〰 나도 내가 보는 게 전부가 아니라는 것을 안다. 하지만 나 역시도 어쩔 줄 모르게 속수무책으로 당할 때가 있다. 바로 내가 본 게 맞다고 확신할 때가 내가 실수하는 순간이다.

초등학교 4학년 때 일이다. 동생과 내가 산 장난감이었다. 우리 둘만 아는 그런 장난감이었다. 시골 동네에서 산 것이 아니라 예전 살던 곳에서 가져왔던 서울 장난감이었다. 그런데 우리 집 아래층에 사는 둘도 없는 내 친구가 어느 날부터 그것을 가지고 있었다. 아무것도 모르던 나는 친구 집에 동생과 같이 놀러 갔다가 그것을 봤다.

동생이 말했다. "누나, 그거 우리 거야. 우리 것을 훔쳐 간 거야.

다시 가져와야 해." 그때도 그랬다. 너무 놀라고 당황하면 말을 하지 못했다. 애써 부인했다. 물어보면 되는데 겁이 나서 묻지 못했다. 그리고 누구에게 듣지도 않은 말을 보태며 흥분한 동생을 달랬다. "아니야. 그거 걔가 산 거야." 동생은 아니라고 펄쩍 뛰었지만 내가 편하기 위해 그렇게 말했다.

그때부터 시작되었다. 무언가 없어지면 누군가를 의심하기 시작한 일이. 다른 사람을 의심하지 않으려고 오랜 시간을 노력했다. 그래도 잘 고쳐지지 않았다. 어른이 되고도 한참을 그렇게 살았다. 무언가 사라지면 제일 먼저 다른 사람을 의심하기 시작했다.

새로 산 립스틱을 회사에 가져왔다. 그런데 가방을 몇 차례 뒤적거려도 나오지 않았다. '누가 가져간 것이 분명해.' 이 기가 막힌 생각에 헛웃음이 나왔다. 그러나 머릿속으로는 계속 주변인을 의심했다. 집에 있을 것이라고는 생각하지 않았다. 절대 그럴 리 없다고 믿었다. '내가 분명히 가져왔어. 오늘 이걸 바르려고 아침에 분명히 챙겼다고. 확실하다고.' 꼬리에 꼬리를 물고 내 생각이 맞다고 되뇌었다. 립스틱이 사라진 온종일 기분이 안 좋았다.

그렇게 퇴근 후 집에 도착했을 때 다시 한번 놀랐다. 화장을 지우러 화장대에 앉았을 때 누군가 가져갔다고 생각했던 그 립스틱이 보였다. 립스틱은 가방이 아닌 화장대 서랍에 있었다.

내가 뭘 착각한 거지?

보고 싶은 것만 보고 내가 생각하는 것을 진실이라고 믿었다. 그리고 그 착각은 내 주변 사람을 의심하게 했다. 나와 같이 밥을 먹고 이야기를 나누는 동료를 의심했다. 내가 생각하는 것이 옳다고 확신하면 자주 이런 식의 감옥에 갇힌다. 거기에 갇히면 쉽게 빠져나올 수 없다. 나 자신이 만든 감옥이라 내가 열고 나오는 방법밖에 없다.

잘 알고 지냈던 여성이 상담하러 찾아왔다. 이혼을 생각 중이란다. 이들도 처음에는 다른 사람들처럼 로맨스가 있었다. 평범한 부부가 겪는 사랑 이야기도 이들에게 있었다. 그러다 어느 순간부터 의심이 생겼다고 한다. 그리고 그 의심이 광기가 되어 모든 걸 망가뜨리려고 하고 있었다. 내가 본 것이 전부 옳다고 믿기 시작한 순간 그녀도 스스로 감옥에 들어갔다.

그녀가 남편이 근무하는 회사에 찾아갔을 때 때마침 남편은 동료들과 점심을 하러 나갔다. 여직원과 단둘이 식사하러 간 것도 아니었다. 하지만 있는 그대로 보려 하지 않았다. 뭔가가 있다고 생각하기 시작했다. 심증은 확실한데 물증이 없어서 답답하다고 했다.

이 사람은 자기가 보고 싶은 한 가지만 보고 있다. 오직 남편이 자기를 속이고 있다는 생각뿐이다. 그녀에게 증거란 필요 없다. 내가 그렇게 믿고 있다는 사실만 중요할 뿐이다. 이쯤 되면 병원에 가서 치료를 받아야 할 듯하다. 사랑받고 싶어서 시작된 몸부림은 이제 상대방과 자신을 파괴하는 전쟁이 되었다. 서로를 향해 누가 시작한 것인지 알 수 없을 정도로 자비 없는 말들이 난립하고 있다. 아름다운 감정은 거의 남지 않을 정도로.

인디언들이 들소를 잡는 한 가지 방법이 있다. 들소 떼들을 절벽으로 몰아세우는 것이다. 들소는 흥분하면 머리를 숙이고 앞으로만 달린다. 무엇이 앞에 있는지 모른 채 그 거대한 몸과 힘을 다른 곳으로 움직여 볼 생각 없이 그저 쫓는 대로 뛰고 또 뛴다. 그러다 절벽을 발견했을 때는 이미 늦었다. 조금이라도 멈출 겨를 없이 뒤에서 달려오는 소에 치여 또 떨어진다.

그렇게 인디언들은 손 하나 까딱하지 않고 들소를 사냥한다. 들소들이 느낀 공포는 무모한 행동을 만든다. 아무도 쫓지 않지만 멈출 수 없는 두려움에 벼랑 끝까지 달리고 있다.

내가 보고 있는 것이 전부가 아니라는 것을 알아차릴 때 비로소 우리는 겸손해지고 자유로울 수 있다. 내가 봤다고 해서 무조건 진실일 수 없다. 내가 봤어도 얼마든지 나라는 사람의 시선에 따라 편집된 시각일 수 있다. 내가 본 장면이 사실이라고 하더라도 그건 전부가 아니다.

사실은 현재를 반영하는 일부분이다. 그러나 진실은 변할 수 없는 포괄적인 현상을 아우르며 감추는 것이 없다. 우리가 사는 세상은 눈이라는 감각만으론 다 이해할 수 없다. 나와 거리를 두고 서 있는 사물이나 인간은 나와 분명 독립해서 존재한다. 그것을 인식할 때 나의 의식은 하나의 해석을 만들게 된다. 그리고 그 해석 안에 나를 가두려 한다. 그래서 우리는 감각이 아닌 해석으로 살아간다.

내가 가지고 있는 해석이 세상을, 상대방을, 자연을, 나와 관련 짓게 한다. 그런데 해석은 인간이 가지고 있는 의식에 따라 다르다. 사람들이 어떤 사건에 대해 생각하는 관점이 다른 것도 이런 이유에서다.

대상은 존재 자체이지만 사람들의 의식 수준에 따라 다른 해석이 나온다. 같은 사안에 대한 기자들의 평론이 다른 이유도 이런 까닭이다. 같은 일을 경험해도 친구들의 반응이 다른 이유도 이 때문이다.

해석을
바꿀 수 없다면

~~~~~ 처음 가보는 길은 지도를 보고 간다. 지도를 보고 있으면 길을 생각하지 않아도 된다. 심지어 길을 가다 두 갈래로 갈라지는 지점에서 어떤 길로 가야 할지 몰라도 지도가 있으면 어렵게 생각하지 않는다. 하지만 업그레이드하지 않은 내비게이션은 반영하지 못한 지도 앞에서 길을 잃는다. 또한 지도에 없는 길도 있다. 시골길, 공사길, 새로 생긴 길 등은 지도에 없다. 그럴 땐 직접 찾아야 한다. 문을 열고 다른 자리에 서서 길 너머를 바라봐야 한다.

내가 보지 못한 길이 있을 수 있다는 한계를 끌어안아야 한다. 지도에서 말해주지 않는 다른 각도에서 길을 살피고 다시 출발해야 한다. 뭔가 잘못된 것 같다는 생각이 들 때 그 순간이 다르게 볼 타이밍이다. 사람은 보면 믿을 수 있고 알 수 있다고 하지만 우리의 시선엔 한계가 있다. 들소는 달리기에만 집중한 나머지 절벽으로 떨어졌다. 눈앞에 무엇이 펼쳐지게 될지 모르고 달리는 행위에만 집중할 때 이런 일이 발생한다. 우리도 그동안 보지 못하고 산 것은 없는지, 너무 바둥거리며 사느라 놓친 건 없는지 살필 수 있으면 좋겠다.

내가 보는 것이 전부가 아니다. 하지만 다른 사람이 보는 것도 전부는 아니다. 그래서 우리가 있다. 너와 내가 서로 보지 못한 것을 봐준다. 서로 실수를 줄이도록 챙겨준다. 그렇게 너를 보고 나를 봐야 좀 괜찮다. 화가 나서 상대를 부숴버리고 싶다는 욕망에서 벗어나는 길은 잠시 가던 길을 멈추는 일이다. 편안한 내가 되면 보지 못한 것을 볼 수 있다. 내가 화내는 게 틀리지 않았다고 믿어주는 사람도 생긴다.

무겁게 압축된 분노 에너지를 데이비드 호킨스(David Roman Hawkins)는 150 정도의 에너지라고 했다. 기쁨과 평화가 600의 수준이고 깨달음이 700이라고 한다면, 분노는 이에 비하면 비교도 안 될 정도의 낮은 수준이다.

화낼 때 우리의 의식 수준은 내려간다. 그리고 낮은 에너지는 더 낮은 에너지를 집합시킨다. 유유상종, 부정적인 것이 끌개처럼 서로를 끌어당긴다. 올라가려면 내 의식에서 일어나는 일을 살펴야 한다.

분노
계산하겠습니다

~~~~~~ 화를 다루는 자기만의 방법이 여러 가지 있어야 좋다. 그래야 화가 날 때 자기만의 방식으로 풀어낼 수 있다. 화를 가지고 놀 수 있을 만큼은 되어야 화가 문제되지 않는다. 화내는 것은 놀이와 같아서 나름의 규칙이 있다. 예를 들면 나를 괴롭게 해서도 안 되고 상대방에게도 그러해야 한다. 물건이나 도구 같은 물질을 던지거나 깨뜨려서는 안 된다.

화내는 주체는 나다. 그래서 화를 가지고 어떤 목적으로 사용할지를 정해야 한다. 화를 불이라고 생각해도 좋다. 그것을 요리에 쓸지, 공격하는 무기로 쓸지는 불을 사용하는 사람에게 달려있다. 마찬가지로 화가 날 때 이를 능숙하게 다루면 다른 사람에게 전이되지 않는다.

심리학 용어인 전이, 투사 등은 우리가 연약할 때 사용하는 방패들이다. 화가 나면 나보다 약한 존재, 만만한 대상에게 나의 감정을 전달하고 싶어진다. 그래서 종로에서 뺨 맞고 한강에 가서 눈 흘기는 이상한 짓을 할 때가 있다.

화 자체는 나쁜 것이 아니라 이상하게 분출되는 것이 문제가 된다. 내가 잘못한 것은 인정하고 용서를 구해야 한다. 하지만 엉뚱하게 누군가 던진 화 뭉치에 마음을 쓸 필요는 없다.

예컨대 뜬금없이 과장님이 화를 낸다고 치자. 과장님 때문에 기분이 나빠 온종일 시무룩해질 이유가 없다. 과장님이 화를 낸 것은 내 잘못이 아니라 그 사람의 기분이 안 좋았다고 정리하면 된다. 그 사람의 기분을 일일이 내가 맞출 이유도 없고 그렇게 할 수도 없다.

분노 계산만 잘해도 손해 보지 않는다. 네 화는 네가, 내 화는 내가 이렇게 계산을 잘하면 문제는 생각보다 간단해진다. 물론 사람 관계가 수학처럼 깨끗하게 되지 않다는 것을 안다. 그래도 다른 사람이 나에게 던지는 화의 몫까지 내가 짊어질 필요는 없다. 선을 넘는 사람들이 우리 주변에는 분명 있다. 겉으로 확실하게 할 수 없는 애매한 관계에서 다른 사람을 바꿀 수는 없지만 내 반응은 얼마든지 다르게 할 수 있다는 것을 그래도 기억할 필요가 있다.

분노를 다스리는
여러 가지 방법

～～～ 사람마다 다르겠지만 나는 화가 나면 시장을 돌아다닌다. 주머니에 몇만 원 챙기고 시끄러운 사람들 사이에서 내가 모르는 사람들을 만난다. 그렇게 사람들의 표정을 관찰하며 시간을 보낸다. 그렇게 사람들을 관찰하면 다른 그림들이 내 안에 들어온다.

조금이라도 목소리를 크게 해 자기 물건을 팔려고 하는 아주머니의 손짓이 보이고, 투박한 손으로 고기를 쓸어 담는 모습도 보인다. 엄마 손을 붙잡고 열심히 따라가는 아이의 총총한 발걸음도, 뭐가 그리 좋은지 행복해 보이는 연인의 모습도 보인다. 뜨끈한 호떡에서 흘러나오는 설탕물을 먹다 입이 덴 사람, 닭고기꼬치 하나를 어린 동생과 나눠 먹으며 누가 더 먹는지 살피는 아이도 만난다. 빨간 바구니에 다듬어 놓은 나물을 넣고 누가 사줄지 바라보는 할머니의 눈길도 만난다.

그렇게 시장에서 사람들을 만나고 돌아다니다 보면 어느새 배가 고파진다. 배는 내 기분을 아랑곳하지 않고 밥을 달라며 신호를 보낸다. 마음 같아서는 한 입도 들어가지 않을 것 같았는데 나도 모르게 시장에서 산 간식들을 한아름 안고 집으로 간다.

그래, 내가 화가 났었지!

일이 더 진행되기 전에 그렇게 될 줄 알았다. 경력직으로 들어온 나는 해 본 경험이 있어서 어떻게 해야 하는 줄 알고 있었다. 실수를 어느 포인트에서 잡아야 하는지 알고 있었지만, 다른 디렉터들은 관심이 별로 없어 보였다. 시종일관 무관심으로 일관하더니 일을 그르치고 말았다. 그래서 나는 또 야근을 해야 한다. 아, 짜증 난다!

냉정해지자. 우선 감정을 빼자. 기름기 없이 담백하게 구운 쿠키처럼 마른 표정으로 있자. 감정이란 직장인들에게는 지나친 사치라는 생각이 크다. 직장인들의 얼굴에서 감정을 읽을 수 없는 이유는 다르지 않다. 상처받은 티를 내고 싶지 않아서 감정이 없는 것처럼 살려 한다. 남의 일에 간섭하면 책임져야 한다. 다른 사람이 힘들 줄 알지만 그의 감정을 공감해줄 수 없다. 말도 안 되는 소리를 들어도 안 들은 것처럼 해야 한다. 그래야 일을 할 수 있다고 생각하기 때문이다.

그런데 문제가 생겼다. 머리는 가능할 것 같은데 가슴은 불가능하다고 한다. 머리에서는 이성적으로 처리가 완료되었는데 가슴은 아직 처리 중이거나 불가능하다고 한다. 억울하거나 화가 나면 가슴이 뛴다. 머리에서는 그러면 안 된다고 하지만 가슴이 본능적으로 반응하고 있다. 사르트르(Sartre, J.)는 머리와 가슴이 연결되지 않을 때 그것은 내 것이 아니라고 했다.

분노는 내가 화났다는 것을 알려주는 자연 현상이다. 분노는 내가 중요하게 생각하는 것을 알려주는 신호, 하나의 사이렌(siren)이다. 내가 이 일을 잘해보고 싶었다는 마음을 알아주는 소리이고, 인정받고 싶었다는 울림이다.

일은 잘하는데 관계에 서툰 사람들은 문제가 무엇인지 모른다. 자기 자신이 아닌 다른 것들이 우선순위에 자리 잡히다 보니 문제가 없다고 생각한다. 그러나 일은 생각보다 어렵지 않다. 정말 어려운 일은 나의 감정을 잘 다스릴 뿐 아니라 다른 사람의 감정을 관리하는 일이다. 리더는 사람의 마음을 움직일 수 있는 사람이어야 한다. 그런데 나는 관계를 일하듯 생각했기 때문에 이해할 수 없었다. 일을 하는 사람의 감정이 문제인데 말이다.

일이 생각보다 잘 풀리지 않는 사람이 있다. 어떤 사람은 일의 목적이 아무리 그럴듯하고 나에게 이익을 준다 해도 일을 하지 않으려고 하는 사람이 있다. 감정에 따라 일을 할 것인지, 하지 않을 것인지를 결정하는 사람이 그런 경우다. 분명한 명분이 있어도 같이 일하는 사람이 싫으면 하지 않으려고 한다.

맞춤 가구를 주문한 적이 있다. 새로 이전한 사무실 책상으로 사용하기 위해서이다. 그런데 들여놓고 보니 주문한 것과 다른 것이 왔다. 나는 내가 주문한 것이 아니므로 환불하려고 했다. 하지만 가구를 가져온 사람은 버티기 시작했다. 하루 일당으로 먹고사는 자기들은 이것을 가지고 가면 큰 손해라고 했다. 주문 제작한 것이어서 다른 사람은 못 쓸 테니 좋은 마음으로 사용해달라고 했다. 하지만 고객의 입장은 다르지 않은가. 이렇게 할 바에 맞춤 가구를 사용하는 이유가 없다. 내가 주문한 계약서가 고스란히 손에 있었다. 그러나 내 말은 수용되지 않았다. 나는 내 입장을, 그 사람들은 그 사람들의 입장을 굳게 지키고 있었다.

이성적인 설명보다 더 강력하게 사람의 내면을 움직이는 것은 동기다. 생각대로 일이 진행되지 않을 때, 내 의견에 반대만 하고 사람들이 도와주지 않는다고 생각될 때, 그리고 일이 일정보다 늦어질 때, 몸은 피곤한데 사람들이 열심히 하지 않는 것처럼 느껴질 때, 어떻게든 이것을 해나가려고 하는데 안 된다는 이유로 중간에 제동이 걸릴 때 화가 난다.

어떤 사람은 일을 더 중시한 나머지 감정은 그다음이라고 생각하는 경향이 있다. 예컨대 인간관계, 건강과 시간, 가족과 보내는 휴식 같은 것을 유보하더라도 일을 처리해야 한다고 생각한다. 더 큰 문제는 이런 방식을 다른 사람에게 강요하는 것이다. 그리고 이것이 맞다고 생각하게 되면 이때부터 뭐가 문제인지 모르게 된다. 직원들에게 일을 주지 않았다고 하더라도 상사가 퇴근하지 않는 것 자체가 위화감을 준다는 것을 모르는 것처럼 말이다.

관계가 잘 풀리지 않을 때, 일이 내 맘대로 잘되지 않을 때, 답답하고 속상할 때, 내가 사용하는 방법이 있다. 단조로움을 피하고 분노를 효과적으로 다스릴 수 있는 다양한 방법들에서 몇 가지를 택하는 일이다. 나는 이 방법들을 좋아하고 즐긴다.

일명, 분노를 다루는 여러 가지 방법들이다.

1. 산책하러 가기
2. 좋아하는 음악 듣기
3. 나에게 좋은 것 선물하기
4. 맛집 찾아가기
5. 무음으로 하고 충분히 잠자기
6. 색칠하기
7. 다른 사람이 잘못한 것 생각하고 속으로 따지기
8. 울고 싶을 땐 마음껏 울기
9. 일기 쓰며 생각 정리하기
10. 좋아하는 사람 만나기
11. 빈티지 샵 가서 옷 사기
12. 달콤한 간식 먹기
13. 모르는 사람들이 많이 있는 곳에 가기
14. 내 아픔 말하고 도와달라 말하기
15. 이번 일도 넘어갈 수 있다고 스스로 토닥이기
16. 나를 좋아해 주는 사람 만나기
17. 영화관이나 서점 방문하기
18. 감사한 것들, 아직 남아있는 것 적어보기

여기에 다 쓰지 못한 다른 방법들도 있다. 꽃시장 가서 꽃 사기, 고속버스터미널 지하상가 돌아다니기, 서점에서 음료 마시며 새로 나온 책 읽기, 네일샵에서 네일 정리하기, 조용한 곳에서 기도하기 등도 포함된다.

이처럼 화날 때를 대비해 이런 방법들을 알고 있으면 유익한 점이 많다. 내가 이 방법들을 다 사용하지 않더라도 어떤 방식으로든 나 자신을 스스로 다독여줄 수 있는 방법들을 알고 있다는 점에 있어 유익하다. 나 자신이 어떤 방식으로든 화를 다스리는 주인으로 살아가는 데 도움을 주기 때문이다.

Chapter 6

분노는 관리하는 것이다

화날 때
제일
먼저 찾는 내 마음

~~~~~ 온종일 밖에서 일하다 돌아오면 지친다. 집에서 쉬고 싶어지는 건 당연하다 싶다. 그런데 집이 정리되어 있지 않으면 도통 쉴 수가 없다. 성격을 고치라고? 불가능한 일이다. 아무렇지 않게 돌아다니는 가족은 문제가 되지 않지만, 어지럽혀져 있는 집을 보면 화가 난다. "왜 제자리에 있는 것이 없는 거야?"

물론 처음부터 화를 내는 건 아니다. 몇 번 정리 대행 비슷하게 해준다. 그러나 언제 인내심이 폭발할지 모른다. 곧이어 문을 세게 닫거나 발로 빨랫거리를 확 집어 차 버린다. 참다가 폭발하면 과격한 형태로 표현한다. 그래도 나 정도는 평균이라고 생각하면서 말이다.

사람은 누구나 자기 자신은 친절하고 괜찮은 사람이라고 생각한다. 나도 그런 사람 중의 하나다. 내가 화내는 것은 이유가 있고 누구라도 그렇게 했을 것이라고 합리화하면서 말이다.

직장에서 스트레스받은 일을 꺼내면 어른들은 말했다. "어쩌겠니, 그게 직장 생활인 걸." 이유 불문하고 맞추라고 한다. 모르는 것은 아니다. 남의 돈을 받는 게 쉬운 일이 아니라는 걸 나도 안다. 그래서 괴롭다.

그런데 힘들다고 말을 꺼낸 건 그냥 이야기를 들어줄 사람이 필요해서였다. 집에서만큼은 눈치 없이 내가 하고 싶은 이야기를 내 관점에서 다 쏟아내고 싶다.

하지만 이런 일이 몇 번 반복되면 집에서도 회사 일을 말할 수 없다. 또 잔소리를 듣고 싶지는 않으니깐. 그러면 나는 속상하고 화가 날 때 누구로부터 위로를 받을 수 있을까?

아하, 내가 화가 났구나! (Aha, I am angry!)

당연한 말이지만 내가 나에게 하는 말이다. 화났다는 것을 알아야 하는 첫 번째 존재는 바로 나 자신이다.

사람들에게 공감받고자 꺼낸 이야기지만 이해받지 못한 적이 많았다. 그렇다고 사람이 필요하지 않다는 것은 아니다. 각기 다른 인생을 살아가는 우리가 다른 사람을 충분히 이해한다는 것 자체가 불가능한 일인지도 모른다. 그래도 우리는 우리의 경험에 빗대어 상대가 느꼈을 감정과 상황을 추측하며 이해하려고 노력한다. 나도 친구에게 내 감정에 관해 이야기한다.

하지만 화가 나는 그 순간, 나는 나를 제일 먼저 찾으려고 애쓴다. 다른 사람에게 내 감정을 쏟아내기 전에, 누군가 나의 감정을 나눠줄 사람을 찾기 전에 나는 나를 이해하고자 한다.

다른 사람이 없어서가 아니다. 다른 사람으로부터 먼저 얻는 위로가 아니라 나 자신이 스스로 주는 마음의 위로가 필요해서다. 가만히 생각해보면 그 누구도 나만큼 나를 알지 못한다. 그런데 왜 그렇게 알아달라고 했을까?

나만큼 나에 대해 잘 아는 사람은 이 세상에 없다.

그래서 나는 나를 알아준다.
나에겐 내가 먼저 필요하다.

있는 모습 그대로의
나를 수용하기

~~~~~~ 나 자신이 화가 난 것 같으면 화가 났다는 감정을 있는 그대로 받아줘야 한다. 감정을 거부하거나 회피하지 않고 가장 먼저 마음을 알아줘야 한다.

그런데 마음을 알아준다는 것은 마음을 읽어준다는 말이다. 다른 사람이 알아줬으면 좋겠다는 기대를 내려놓고 제일 먼저 내 마음을 읽어준다. 내 마음의 의지를 일이나 사람에 두지 않고 나에게 둔다.

나 지금 화났구나.

화난 감정을 대신할 무언가를 하지 말아야 한다. 잠을 자는 것, 먹는 것, 영화를 보는 것, 물건을 정리하거나 사는 것, 친구를 초대하는 것 등 다른 것으로 대체하기 전에 가장 먼저 해야 할 일은 가만히 화난 나를 잠시 바라보며 존중하는 일이다.

화가 났다고 하는 나를 인정하는 일은
나를 존중하는 길이다.
아무것도 하지 말고 내 감정을 읽어보자.

화가 난 자신을 향해 마음을 열면
내가 있다.

내가 아프다는 것을,
몹시 불쾌하다고 느끼는 내가 있다.
이런 나를 받아들이고 존중하겠다.

감정을 인정하면 된다.
감정을 모른 척하지 않는다.
그저 감정이 켜질 때

감정을 읽어주면

마음이 십사리 풀린다.

친구를 만나도

문제가 해결되지 않던 마음이 이해가 된다.

사라진 것처럼 보였던

내 마음이 보이기 시작한다.

화가 나는 이 감정에 오롯이 집중하려면 조용한 공간이 필요하다. 일이 많고 공부할 것이 많다고 하더라도 잠시 공간과 시간을 찾아내는 것은 화가 난 상태로 있는 것보다 훨씬 유익하다. 학교나 회사, 집 근처에 걸어 다닐 수 있는 공원이나 산책로 등을 이용해 보라. 마음을 차분하게 가라앉히고 자연이 주는 소리를 들으며 마음에 집중할 수 있다.

내가 다니던 회사에도 공원이 있었다. 점심시간에 밥을 먹고 난 뒤 공원을 일부러 찾는다. 의자에 앉아 자전거 타는 사람을 본다. 장소를 옮기며 돌아다니다 보면 눈에 보이는 것이 있다. 자연스럽게 시선을 따라간다. 그리고 가만히 앉아 내 감정을 읽는 시간을 갖는다. 내가 왜 화가 났는지, 무엇 때문인지를 나에게 묻는다. 이렇게 나 자신이 내 마음을 잘 위로하면 다른 사람에게 덜 기댈 수 있다. 잘잘못을 따지는 것이 아니다. 그저 내 앞에 있는 감정을 그대로 받아들인다. 그러면 감정은 순한 양처럼 누그러진다.

그다음에야 비로소 마음이 말하는 소리에 따라 나다운 결정을 내릴 수 있다. 내가 좋아하는 결정, 내가 책임질 수 있는 결정을 할 수 있다.

내 감정을
남에게
맡기면 안 되는 이유

〰〰〰〰 내 마음에서 일어나는 일들에 대해 충분한 시간을 갖지 못하면 무언가에 쫓기는 듯한 느낌을 받게 된다. 억울할 때, 손해 보고 부당한 대우를 받는다고 생각될 때 나에게만 이런 일이 계속 일어나는 것처럼 생각된다. 한쪽으로 삶이 기울어지는 것 같을 때, 특히 화가 날 때 우리는 그 감정에 파묻혀 극단적인 선택을 내리거나 나에게 손해가 되는 결정을 내릴 수 있다.

화가 나면 전두엽의 주의조절 능력에 문제가 생겨 잘못된 판단을 내리거나 오해, 불안, 의심으로 인해 바른 행동으로 옮기지 못할 수 있다. 그래서 감정이 일을 망친다고 생각하게 되는데 이것은 오랜 오해다.

감정은 내가 계속적으로 움직일 수 있도록 동기를 제공한다.

그런가 하면 잘못된 선택이나 행동으로 제정신을 잃은 사람처럼 보이게도 만든다. 그래서 감정을 자기 것으로 인정하고 책임질 수 있어야 한다.

나도 이런 훈련이 되어 있지 않을 때 다른 사람이 내 문제를 해결해줬으면 하는 마음이 있었다. 내가 직접 어떤 문제에 대해 말하기 겁이 나거나 거절당하기 싫어서, 부탁조차 하지 못했다. 때로는 다른 사람의 도움 없이 혼자 하는 편이 수월하다고 여겨 무리할 때도 많았다.

그러다가 같이 해야 할 일이 생기면 함께 일하는 동료가 아닌 상관에게 종종 부탁했다. 일을 잘하는 사람이라는 평판이 있어서 골치 아픈 일들은 상관이 정리해줬다. 괜히 함께 일하는 사람들과 실랑이를 벌이거나 감정이 나빠지고 싶지 않았고 손해 보고 싶지 않았기 때문이다. 그렇게 나는 오롯이 일에만 집중한 채 정리가 되었다고 생각했다.

하지만 직급이 올라갈수록 사람들과 같이 일하지 않으면 안 됐다. 감정을 막은 상태에서 고집스럽게 일하는 것은 수월했다. 하지만 다른 사람에게 일을 건네거나 잘못했을 때 책임을 물어야 하는 일에서는 매우 서툴렀다. 관계로부터 도망 다닐 수 있다고 생각했지만 결국 제자리였다.

일을 같이한다는 것은 그 사람을 아는 일이다. 가까이에서 같이 일을 해야만 어떤 사람인지를 알 수 있다. 가끔 머릿속에서 알람(Bell)이 울리는 것처럼 혼란스러울 때가 있다. 마음에 들지 않게 대충 일하는 사람도 있고 딱 시킨 일만 하는 얌체도 있다.

이럴 때 내가 하는 일은 더는 도망가지 않겠다고 발을 고정한 채 마음을 붙잡는 일이다. 관계가 복잡하거나 피곤해질 것이 예상되더라도 그런 생각을 내려놓는다. 충분히 마음의 뜸을 들이듯 내 마음을 읽어주고 만져준다.

그리고는 저 멀리 뻥 차 버리고 싶은 이 골치 아픈 문제들에 대한 해결 방법을 적어 본다. 어떻게 해결할 수 있을지에 대한 방법들을 하나도 빠짐없이 적는다. 말이 되든 안 되든 여러 가지 방법들을 적는 것이 포인트다.

다 적은 뒤에 이 방법 중에서 부정적인 것 같은 방법에 동그라미를 친다. 여기서 부정적인 방법이란 나와 다른 사람의 관계나 업무에 관련된 것들이다. 심하게는 생각하기 싫은 부서 발령이나 권고사직 같은 끔찍한 일들도 쓴다. 심지어 그를 곤란하게 만들 방법도 적는다. 인간은 악해서 눈에는 눈, 이에는 이로 갚아줄 생각이 잘 떠오른다. 부정적인 방법을 다 적고 난 다음에 더는 생각이 나지 않으면 거기서 멈춘다.

그다음으로 이 문제를 해결할 긍정적인 방법들을 생각한다. 잘 생각이 안 날 수 있다. 나 역시 그렇다. 긍정적인 방법이란 나를 헤

치지 않으면서 동시에 다른 사람을 공격하지 않고 문제를 해결해 나갈 건강한 방법이다. 예컨대 혼자 집에 가서 매운 닭발을 먹는 일, 당사자를 불러 일에 대한 기준과 방법을 다시 알려주고 기회를 주는 일, 팀원들에게 자유롭게 발언하는 기회를 주면서 업무 성과를 높이는 일, 상사나 다른 사람의 조언을 듣는 일 등이라 할 수 있다. 물론 가볍다고 할 수는 없는 일이다. 하지만 할 수 있는 일이기도 하다.

이런 방법들을 연습하는 까닭은 화가 날 때 급하게 결정을 내려 후회하는 일을 하지 않기 위해서다. 이런 연습은 화라는 감정이 끌고 가는 대로 선택하지 않도록 막아준다. 감정에 휩싸여 지나치게 부정적이거나 자기 파괴적인 방향으로 나가지 않도록 돕는다.

이를 위해서 부정적인 방법과 긍정적인 방법을 적고 그 방법들을 실제로 행동으로 옮겼을 때를 생각하면서 가상의 시나리오를 작성하는 건 매우 유익한 일이다. 그리고 내가 결정한 방법들이 가져올 결과들을 생각하면 갈등이나 문제를 해결하는 데 집중할 수 있다.

분노를
해결할 수 있는
능력 키우기

～～～～ 화가 날 때 사용할 수 있는 방법들을 구체적으로 생각하면 적극적으로 자기를 보호하게 된다. 또한 환경이나 상황에 갇혀 편협해지거나 옹졸해진 관점에서 벗어날 수 있다. 만약 화가 날 때마다 늘 그래왔던 해결 방식을 고수한다면 변화나 성장은 있을 수 없다. 화날 때 즉각적인 대응이 아닌 다른 사람이 사용하는 방법을 배움으로 나답지만 건강하게, 그리고 지혜롭고 다양하게 분노를 해결할 수 있는 능력을 키워나가야 한다.

여기서 화가 날 때 사용하는 방식이란 마치 휴대폰의 모바일 데이터를 켜 놓고 와이파이가 아니라 데이터를 먼저 사용하도록 설정하는 것과 같다. 그러려면 데이터가 필요하다. 데이터가 무한으로 제공되는 요금제를 사용하는 경우 답답한 와이파이가 아닌

빠르고 막힘없는 데이터를 이용할 수 있다. 하지만 한정된 재정을 가지고 있다면 마음껏 데이터를 사용할 수 없다. 그래서 분노를 해결할 수 있는 능력을 키워나간다는 것은 마치 무제한 데이터를 공급받을 수 있도록 한정된 재정을 늘려가는 것과 같다.

사람은 누구나 자신만의 화내는 방식이 있고 푸는 방식이 있다. 우리에게는 별로 생각하지 않고도 사용할 수 있는 방식이 있다. 오랫동안 자기가 사용해온 방식인지라 그것밖에 모르고 그것만 사용하는 방법이 있다. 그런데 내가 사용할 수 있는 감정은 한정되어 있다. 제한적이고 소진할 수 있는 한계를 가진 감정이나 체력과 같은 에너지를 지금처럼 매번 똑같은 방법으로 사용한다면 금세 소진되고 우울에 빠지게 될 것이다.

상처는 상처가 나서 아픈 거다. 그런데 그 상처를 계속해서 건드리면 회복할 시간도, 과정도 사라지게 된다. 다른 누군가를 위해서가 아니더라도 행복해야 하니깐. 아프지 말아야 하니깐 달라지는 길을 선택해야 한다. 단 하루를 살더라도 말이다.

익숙한 나만의 방식을 바꾼다는 것은 다른 것을 선택하겠다는 의지이다. 선택할 수 있는 능력을 키우면 삶이 달라진다. 화가 나면 잠을 자거나 일로 피하는 사람이 있다. 아니면 큰 소리로 욕하거나 싸우려고 달려드는 사람도 있다. 주변의 물건을 집어 던지는 사람도 있다. 이것을 바꾸고 다른 것을 선택하자는 것이다.

하나를 내려놓고 다른 것을 선택한다. 이는 당연히 수고스럽고 불편한 일이다. 내 삶을 화가 주인 노릇 하지 못하도록 하는 일에는 약간의 수고가 필요하다. 아니 더 많은 수고를 하더라도 내가 건강해지고 삶이 나아지는 방법이라면 얼마든지 감내해야 한다.

삶의 스위치가 익숙한 방법을 선택하지 못하게 하는 일은 귀찮은 일이지만 다른 방식으로 살아가도록 길을 내주는 일이다.

화가 날 수 있다.

화를 내도 된다.

충분히 화난 마음을 이해한다.

하지만 내 생각, 내 감정, 내 뜻이

그 안에 들어가야 한다.

화에도 나의 가치가, 삶을 대하는 태도가 있다.

화가 났을 때 어떤 방법을 선택하느냐는 삶의 보조 발판을 두는 것과 같다. 나를 파괴하는 발판으로 디딜 것인가 아니면 나를 살리는 발판으로 디딜 것인가. 이는 분노를 어떻게 사용하느냐에 따라 달라진다. 얼마든지 분노라는 감정은 새로운 삶의 전환 (switch)을 가져올 수 있다. 창조인가, 파괴인가? 선택하자.

분노를 해결할 수 있는 역량이 나에게 있는가?
나의 삶에 좀 더 나은 것이 무엇인지 생각해보자.

어쩌면 나를 고되게 괴롭히는 사람의 얼굴을 강타하는 쾌감이나 그룹을 만들어 뒷담화를 하는 즐거운 취미 정도는 내려놓아야 할지 모른다. 아무 쓸모 없는 그런 파괴적인 에너지는 질척거리고 유치하다. 이것 말고 다른 길은 없는지를 생각해야 한다.

분노는 강력한 감정 에너지이다. 누구를 위한 복수, 누군가에게 받는 인정, 이런 것은 낮은 수준의 에너지다. 나를 더 나은 삶으로 오르게 하기 위한 발판으로 분노를 사용하려면 지금까지와는 다른 방식을 선택해야 한다. 그래야 우리는 다르게 살 수 있다.

Chapter 7

말하지 않으면 모른다

책임질 것만
책임지고 산다면

〰〰〰〰 누군가와 싸울 때 내가 자주 쓰던 말버릇이 있다. 지금 이 일이 잘못된 게 나 때문이냐는 말이다. 일이나 상황이 내 뜻과 다르게 진행되면 한편으로 나 때문에 그렇게 된 것은 아니라는 후회, 변명, 탓을 하고 싶은 마음이 생긴다.

그리고 책임 소지를 분명하게 해서 상대방의 코를 납작하게 만들고 싶을 때 이런 말을 사용하곤 했다. 직장에서는 일이 잘못되면 누군가 책임져야 한다. 궁색한 변명이든 실수든 아무튼 잘못에 대해 책임져야 한다.

사회생활을 처음 시작했을 때는 지금 생각해도 어색한 게 많았다. 아무리 다른 사람들처럼 엇비슷하게 보이려고 해도 새내기 티를 벗어낼 수 없었다. 그때는 모르는 게 아는 것보다 더 많은 것처럼 느꼈다. 다른 사람의 도움 없이는 할 수 있는 일이 하나도 없었다. 회사 인트라넷을 사용하는 방법은 그렇다 쳐도, 복사하다가 종이가 떨어지면 어디서 가져와야 하는지, 필요한 사무용품은 어떻게 구매하는 건지, 복리후생비는 얼마까지 사용할 수 있는지 하나에서 백까지 동료에게 배우고 물어야 하는 것들이었다. 어리숙하게 보이고 싶지 않아도 어쩔 수 없는 그런 것들이 너무도 많았다.

회사에서 처음 맡았던 일은 인사에 관한 일이었다. 인사과 막내 직원이지만 부서 이름이 그래서 그런지 사람들이 쉽게 보지 않는 것처럼 느꼈다. 직원들의 입사서류를 챙기고 국민연금, 의료보험 등이 맞게 잘 들어갔는지 전산 데이터에 입력하고 전체 직원들에게 월급과 세금 등을 넣는 그런 제법 복잡한 일이었다. 왜 같은 날에 들어온 신입사원들의 월급이 차이가 나는지, 다른 직원들은 실수 없이 갑근세가 지급되고 있는지 챙겨야 했다.

내게 일을 가르쳐주던 선배는 참 멋진 사람이었다. 얼굴도 작고 착하게 생겼고 만화에서나 나올법한 롱다리에 왕자님 같은 스타일이었다. 옷도 잘 입고 성격도 깔끔하고 빈틈이 없어 보였다. 그런데 이 사람은 욕이 밀가루 반죽에서 뽑은 칼국수 면처럼 자연스럽게 나오는 욕쟁이였다. 고등학교 때 친구들끼리 하던 욕과는 다른 뭔가 색다른 느낌이었다. 귀 기울이지 않으면 잘 알아들을 수 없는 조용하지만 거친 욕이었다. 그래도 나는 이 사람이 있어서 참 좋았다. 물어볼 존재가 있다는 것만으로도 큰 힘이 되었고 오랜만에 들어온 후배라서 그런지 잘 가르쳐주는 것처럼 느껴졌다.

수습 기간을 끝내고 제법 혼자서 일을 해낼 수 있을 정도가 되었다. 어설프다는 얘기를 듣기 싫어 모든 일의 과정을 적었다. 내가 하는 일이 돈과 관련된 일이라 실수하면 임원에게 보고된다. 정정 신고가 귀찮아서가 아니라 윗선으로 보고되는 것이 정말이지 싫었다. 그러다 일이 터졌다. 내가 계산한 것을 선배가 틀렸다고 했고, 나는 선배 말대로 수정했다. 그날로부터 한 달이라는 시간이 지났다.

어느 날 부장이 선배를 불러서 왜 이렇게 일을 했냐고 다그쳤다. 얘기를 듣다 보니 지난번 그 일이었다. 그는 너무도 태연스럽게 내가 실수한 것이라고 설명하고 있었다. 나는 그만 앉은 자리에서 뛰쳐나갈 뻔했다. '내가 한 게 아니라 네가 그런 거잖아.' 말하고 싶었다. 그는 정말 비겁했다.

문제는 그 이후부터 시작되었다. 그와 나의 자리는 앞뒤로 붙어 있었다. 뒤돌아보면 딱 볼 수 있는 자리에 그는 있었다. 부장에게 내 이름을 팔아먹은 선배를 보기가 정말이지 싫었다. 온종일 기분이 나빴다. 선배도 눈치를 채고 딱히 말을 시키지 않았다. 점심을 먹고 선배가 영수증을 주며 처리하라고 했다. 나는 잠깐 얘기를 나누자며 휴게실로 갔다. 아까 부장에게 한 말을 들었다고 말했다. 그리고 왜 그렇게 말했냐고 물었다. 그건 분명히 선배가 그렇게 한 것 아니냐고 했다. 나는 인간적으로나마 미안하다고 말해주길 바랐다.

선배는 얼굴빛 하나 바뀌지 않고 이렇게 말했다. "그건 네가 잘못한 거잖아." 어이가 없었다. 실수를 했냐 안 했냐가 중요한 게 아니었다. 무엇이 사실인지가 중요해졌다. 나는 선배와 그때 한 계산이랑 얘기한 날짜를 적은 노트가 있다고 하면서 내 말이 얼마나 신뢰할 수 있는지를 설명했다. 하지만 선배는 그건 그렇게 중요한 게 아니라고 했다. 그렇게 중요한 게 아니라니? 그 일로 나와 선배의 관계는 어려워졌고 대화도 잘 하지 않게 되었다.

어쩌면 선배는 차마 자존심 때문에 나에게 인정하지 못한 것일 수도 있다. 아니면 정말 기억에 오류가 나서 자기가 하지 않은 것으로 생각하고 있는지 모르겠다. 어쨌든지 간에 이 일을 통해 책임을 진다는 것에 대해 깊이 생각하게 되었다. 대부분 사람이 그렇지는 않겠지만 책임져야 할 일이 생기면 아랫사람에게 떠넘기는 일이 적지 않게 일어난다. 이런 일을 만날 때 목소리 높여 내가 한 것이 아니라고 밝힌다고 문제가 해결되는 것은 아니다. 이성적으로 접근해 감정적으로 뒤틀리면 소위 괘씸죄에 걸려 더는 회사생활을 할 수 없을 만큼 엉망이 되는 것을 자주 봐 왔다.

책임을 진다는 것은 내가 한 일에 대한 것만 요구하지 않는다. 누군가로부터 일이든, 감정이든, 상황이든 나와 관련해서 벌어지는 일들에 대해 내가 어떻게 반응할지를 결정하는 것이 책임이다. 우리가 흔히 알고 있는 의무나 부담스러운 일들을 맡아야 하는 것만 책임이 아니다. 나에게 일어난 일들에 대해 반응할 힘을 키우는 것이 진정한 의미에서 책임이다.

일이 잘못되어 책임져야 할 때 나는 그것에 대해 어떻게 반응했는지 생각했다. 그동안 나는 내가 한 말이나 행동이 옳은지, 틀린 지를 파악하는데 열중했다. 그런데 사람의 관계는 복잡하게 얽혀있기 때문에 무엇이 옳고 그른 것인지 결정하지 못하는 경우가 생긴다.

스트레스를 받는 상황에서 나는 어떤 반응을 선택해야 할까? 내가 책임져야 하는 것은 어디서부터 어디까지일까? 가정에서, 직장에서 내가 감당해야 할 적정선은 어디까지인지를 고민하기 시작했다.

비난이 쉬우니깐
그것부터 나오지

〰〰〰 일이 틀리거나 잘못될 때 제일 먼저 나오는 반응은 비난이다. 비난이 제일 쉽고 빠르다. 비난은 상대방을 향한 것이다. 내가 잘못한 게 없다고 생각되면 미안한 마음도 없다. 이때 비난하는 당사자는 상대보다 우월하다는 느낌을 받는다.

또한 비난은 나는 틀린 게 없고 너는 틀렸다는 거짓 이미지를 준다. 비난을 통해 문제에 대한 답을 얻을 수 있다고 생각하지만, 비난에는 답이 없다. 비난은 듣는 이를 공격하는데 사용될 뿐이다. 비난은 네가 잘못했으니 네가 책임져야 한다는 속내가 있다.

세상에서 제일 쉬운 말이 비난이다. 어떤 사람은 잘못한 것을 인정하면 도와주겠다고 말하는 사람도 있다. 그럴듯하게 들린다. 하지만 비난을 듣고 삶이 변화되었다고 하는 이를 만난 적은 없다.

그러면 우리는 언제 비난할까? 불안할 때 비난한다. 같은 실수가 일어날까 봐 겁이 나서 비난한다. 나에게 책임이 없다는 말을 듣고 싶어 비난한다.

시아버지가 하시던 일이 틀어졌다. 부도가 났다. 나는 이 일에 관여한 적이 없었다. 그러니 나는 잘못한 게 없다. 굳이 잘못이라고 한다면 이렇게 무너질 집안임을 몰랐던 게다. 남편과 나는 아주 오랫동안 이 문제로 싸웠다. 나는 잘못이 없고 너희 집안에서 일어난 일이니 그쪽 집안에서 자란 당신의 잘못이라고 싸웠다. 나에게 남편은 비난받을 당사자였다. 너는 내 속이 시원하게 뚫릴 때까지 나의 비난을 들어야 한다고 생각했다. 그게 정당하다고 생각했다.

누구 탓이라도 하고 싶었던 나는 남편을 향해 비겁할 정도로 분함과 억울함을 뿜어 댔다. 듣다 못한 남편이 한 마디라도 보태면 더 큰 싸움으로 번졌다. 그만 살고 싶었다. 감당할 수 없는 일이라 생각했다. 부도는 재산뿐만 아니라 가족에 대한 마음도 빼앗았다.

이렇게 의도치 않은 일이 우리의 인생에 얼마나 많이 일어나는지 모른다. 생각도 하기 싫은 일들이 순식간에 에워싼다. 그리고 갑작스러운 일 앞에 속수무책 당한다. 자기보호를 하며 방어할 것인가, 문제를 해결할 것인가 결정해야 한다. 때론 내가 책임질 일들로 자신감을 잃고 처음부터 반응하고 싶지 않을 때가 있다. 감당하기 어려운 일을 당했을 때가 그렇다. 물론 모든 일에 나의 의무와 역할을 다하라는 말은 아니다. 그럴 수도 없다.

그렇더라도 책임을 져야 하는 상황은 역할이 아니라 반응이다. 나와 관련된 주변 환경, 사건에 대한 나의 반응이다. 부도를 낸 건 부모님이지만 나는 그와 관련이 있으니 이 문제는 내 문제가 된다.

가족을 짐이라고 해서 정말 미안하지만 이런 사고방식으로 가족을 무거운 돌덩이처럼 생각한 적이 많았다. 이삼십 대의 나는 멀리 날아가고 싶어도 다리에 묶여있는 줄 때문에, 결국은 날기를 포기한 닭장 속의 닭처럼 생각됐다. 오랜 시간 할 수 있고, 걸을 수 있고, 나갈 수 있는 길들도 가족이라는 책임감 때문에 참아야 했고 되돌아와야 했다. 가족 때문에 여전히 아파하고 모른 척할 수 없는 나란 인간이 한심했다. 돈을 벌어 부모님에게 드리는 것도 자발적인 것은 아니었다. 통장에 쌓이는 것이 없으니 꿈도 꿀 수 없었다.

가족이란 가슴 한편을 오리듯 저리는 아픔을 준다. 그래서 가족은 쉽게 잊을 수 없다. 나도 가족의 어려움을 모른 척할 수 없었다. 가족을 부양해야 한다는 의무가 버거우면서도 여전히 전화벨이 울리면 무음으로 처리할 수 없었다. 끈끈이처럼 떨어지지 않는 부양의무 때문에 나는 책임에 대한 단어에 대해 생각해야 했다.

책임(responsibility)은 내가 그 일을 일으키지 않았고 문제를 발생하지 않았다고 하더라도, 나에게 일어난 일에 대한 반응 능력이다. 책임은 의무나 역할에 대한 것이 아니라, 반응(response)에 대한 의지를 가지고 어떻게 행사할 것인지에 대한 능력(ability)이다.

그래서 나는 어떻게 반응하고 살지를 고민해야 했다. 그리고 나를 위한 결정을 내리며 책임 있는 인간으로 살아가는 능력을 키우는 힘을 기르기 시작했다.

선택하고
살 수 있잖아

～～～～ 일이 틀어질 때 사람들의 반응은 제각각 다르다. 많은 사람이 남 탓을 하거나 가정환경에 원인을 돌린다. 이십 대든 오십 대든 나이의 문제가 아니다. 상대방을 비난하지 않고 건강한 방식으로 반응할 수 있을지가 결국 삶의 질을 결정한다.

시댁이 망하게 되었을 때 나는 남편과 가족에게서 도망가고 싶었다. 더구나 그 일은 임신한 지 불과 한 달 만에 일어난 일이었다. 남들은 임신하면 가족의 사랑을 받는다고 하는데 나는 한 달 내에 살던 집에서조차 쫓겨 나가야 하는 상황이었다. 학교도 다니지 못할 상황이었다. 당장 살 집도 없었다. 먹고 싶은 것을 사 먹을 수도 없었다. 남은 것은 아직 젊다는 것과 뱃속의 아이뿐이었다.

그런데 이 아이가 나와 남편 그리고 시댁을 연결해주었다. 여러 부정적인 생각이 엄습해 왔지만, 아이의 미래를 생각하며 심사숙고해야 했다.

화가 나면 우리는 저마다 각자 좋아 보이는 것을 선택(choice)한다. 다른 사람의 충고나 조언이 아무리 좋아 보여도 선택은 내가 하는 일이다. 나이가 든다는 건 선택할 일들이 많아지는 것이라 할 수 있다. 그렇게 어른이 되고 싶었건만 어른이 되고 보니 누군가 대신 선택해주던 때가 그리워진다.

화를 다스리는 방법으로 무엇을 선택할지는 가장 중요하면서도 어렵다. 많은 경우 자기가 가지고 있는 관점으로만 문제를 해결하려고 하기에 선택할 것이 별로 없다고 생각한다. 또한 자기가 보고 있고 알고 있다는 생각의 틀에서 크게 벗어나지 못한다.

하지만 성숙한 사람이라고 한다면 자기 관점이 아니라 타인의 관점에서, 그리고 타인만이 아니라 전체 공동체 안에서, 그리고 더 나아가 세계의 관점에서, 그리고 지구 위의 관점으로 확장해서 볼 수 있어야 한다. 어떤 사람이 성숙한 사람인지 어떻게 아는가? 그가 가지고 있는 조망 수용 능력(perspective taking ability)을 살피면 알 수 있다.

즉, 보는 것이 큰 사람이 성숙한 사람이고 건강한 사람이다. 편협하고 옹졸한 사람은 시야가 좁다. 문제가 일어날 때 자기 의견만 주장하는 사람은 낮은 수준이다. 자기와 타인의 관점에서 문제를 볼 수 있다면 그보다 나은 수준이다. 하지만 전체 공동체, 사회에 끼치는 영향까지 고려할 수 있는 사람은 상위 수준이다.

내가 선택했다는 것은 내가 발생한 일이 아니라고 할지라도, 그 일에 대해 어떻게 반응할지를 결정하는 것을 의미한다고 했다. 이런 사람은 성숙한 사람, 건강한 사람, 괜찮은 사람이다. 나에게 일어난 일들에 대해 반응할 수 있는 능력이 있다는 것은 자기를 벗어나 폭넓은 관점에서 바라봐야만 가능한 일이다. 공감능력은 조망능력이 큰 사람이어야 가능하다. 이런 의미에서 감정 관리가 잘 되는 사람은 내가 선택한 일, 그 이후까지도 생각하는 사람을 뜻한다.

우리 집안은 대대로 목소리 컸던 것 같다. 평상시 잘 티가 나지 않지만 내 목소리도 화가 나면 건물 전체가 울릴 정도로 쩌렁쩌렁하게 울린다. 어디서 그런 큰 목소리가 나오는지 힘이 없다가도 화가 나거나 논쟁을 하기 시작하면 저절로 데시벨이 커진다. 부모님이 집에 놀러 오시면 대번에 알 수 있다. 아침에 나를 깨우는 건 두 분이 나누는 대화 소리이다. 편안하게 얘기하신다고 하는 대화지만 내가 듣기론 꼭 싸우는 것만 같다.

목소리가 큰 건 할아버지를 닮은 것 같다. 할아버지는 학교 다니던 시절, 운동장에서 "차렷, 열중쉬어, 모여"를 외쳤다고 한다. 아버지도 군대에서 비슷한 일을 하셨다. 그래서 가정에서 목소리가 큰 것은 아무렇지 않은 일이었다. 나 역시 가정문화라 크게 문제될 일이 아니라 생각했다.

그러나 전혀 다른 집안 분위기에서 자란 남편에게는 이것이 신기하기도 하고 힘든 일이었다. 방문을 닫고 있어도 대화가 들린다. 처음에는 두 분이 혹시 싸우시는 것은 아닌지 남편은 몇 번이고 나에게 물었다. 그때마다 나는 그냥 대화하는 것이라고 말해주었다. 목소리가 큰 집안에서 자란 내게는 아무렇지 않았던 일이었다.

하지만 내가 그렇게 자랐으니깐 어쩔 수 없다는 외골수 태도가 아니라 내가 도움을 줄 수 있는 일이 무엇인지를 살펴야 한다. 갈등을 해결한다는 것은 이런 것이다. 우리 가족의 문화가 있다고 그것을 다른 사람에게 이해받기를 원하는 것보다 내가 그 사람을 위해 무엇을 해야 할지를 생각하는 것이 성숙한 사람의 태도다.

누군가와 같이 산다는 것은 새롭게 내가 맞추고 배워야 할 일이 많다는 것을 의미한다. 부드러운 목소리로 천천히 설명하는 일, 눈을 보며 말하는 것, 지금 당장 하라고 요구하거나 명령하는 것이 아니라 그 사람이 원하는 때까지 기다려주는 일 등을 선택하는 새로운 방향이다. 왜 그렇게 해야 하냐고? 나는 지금과 다르게 살기를 원하니깐. 이제 당신의 차례다. 당신이 화가 날 때 선택할 새로운 방법은 무엇인가?

내가 화난 것은
실은 이런 거였어

~~~~~ 가끔은 누군가 이 모든 것을 보고 있다가 제대로 판단 해줬으면 좋겠다고 생각한다. 억울할 때, 서운할 때, 답답할 때, 또는 내가 본 것과 다르게 상대방이 주장할 때가 그렇다.

사실에 해석이 붙으면 판단이 된다. 사실이라는 것은 카메라를 가지고 딱 찍었을 때와 같은 상태다. 그런데 같은 것을 봐도 누구는 화가 나고 누구는 괜찮다는 건 각자의 해석이 다르기 때문이다. 눈을 카메라처럼 바꾼다고 해도 그것에 대한 해석이 달라지지 않기 때문에 오해는 계속 일어난다. 오해가 사라지지 않는 이유다.

아이가 주방을 어지럽힌 것을 봤다. 깨진 달걀, 가스레인지에 떨어져 있는 소금 가루들, 양념장에서 꺼낸 기름, 프라이팬, 옆에 그것을 옮길 접시들. 달걀부침을 해 먹으려고 한 것 같다. 아침부터 신경질이 난다. 그냥 나에게 부탁했으면 했다. 아이를 향해 큰소리를 냈다. 아이의 손에는 모양이 한쪽으로 기울어진 달걀부침 접시가 있었다. "엄마, 줄려고." 나의 짜증 난 표정과 말투에 아이는 움츠러들었다. 아이의 고마운 마음보다 내가 할 일을 생각하니 화가 났다. 그릇이 어지럽혀져 있어 하나하나 다시 정리해야 했고, 주방 바닥에는 소금 가루가 기름과 함께 여기저기 튀어 있었다. 아이의 정성을 느낄 감동은 없었다.

문득 한 사건이 기억났다. 나도 어릴 적 부모님의 생신에 핫케이크를 만들어 드리려다 한쪽 면을 새까맣게 태웠었다. 초등학교 6학년이었지만 처음 해본 일이라 서툴렀다. 부모님께 드린다는 마음 하나로 핫케이크 조각을 층층이 쌓았다. 먹고 싶은 마음을 꾹 참고 부모님이 퇴근해서 집에 오실 때까지 기다렸다. 하지만 내가 들은 건 '고맙다'라는 짧은 인사가 전부였다. 겨우 한 입 드시고 탔다며 더는 드시지 않았다. 그때 나도 밝은 미소와 포옹 같은 적극적인 표현을 기대했었다. 그 후로 다시는 아버지에게 핫케이크를 해드린 일이 없었다.

그런데 나도 아이에게 똑같은 일을 하고 있다. 엄마가 좋아하는 달걀부침을 해주겠다던 아이의 마음은 아마 어릴 적 내가 아버지에게 기대했던 마음과 비슷했을 것이다. 지저분한 주방만 보고 정작 아이를 챙기지 못했다. 내가 본 것이 사실 아닌가? 사실이다. 눈으로 사진을 찍듯 어떤 판단도 들어가 있지 않았다. 그리고 눈으로 본 사실만을 가지고 판단의 말이 입으로 나왔다. 문제는 눈으로 본 것을 즉시 판단하고 입 밖으로 내뱉었다는 게 문제다.

내가 본 것을 즉시 옮기면 안 된다.
사실만 보고 그대로 말한다 해도 잘못된 판단이
들어갈 수 있다.

말을 옮길 때는 반드시 약간의 여백, 말의 공간이 있어야 한다.

내가 맞냐 네가 맞냐 하는 논란은 옳고 그름의 문제가 아니다. 누가 누구를 속였느냐의 문제도 아니다. 이는 대부분 관점의 차이에서 발생할 뿐이다.

Chapter 8

어떻게 할지 몰라도 시작하자

사실은
중요하지 않아

~~~~ 회사에서 내가 본 것은 테이블 위의 사과였다. 먹음직스
러운 사과가 있는 것은 사실이다. 그런데 그 사과를 보고, 말로 표
현할 때는 사실이 아닌 판단이 들어간다.

판단의 언어는 나의 자의적인 해석이다. 이렇게 좋은 사과가
있는 것을 보니 작년에도 사과를 가지고 온 업체가 준 것 같다는
생각이 들었다. 명절이 다가오니 그럴 것 같다고 짐작했다.

직원들이 하나둘 모여서 사과를 깎아 먹는다. "누가 가져온 거
예요?" 아무도 모른다. 회의실 테이블에 간식이 있으면 흔히 먹어
도 된다고 생각하고 있었다. "글쎄? 거기 업체에서 가져온 게 아
닐까?" 사람들은 그러려니 하며 먹었다.

잠시 후, 공지글이 하나 올라온다. 지난주 부모님 장례를 치른

직원이 가져온 과일이란다. 과일은 과일인데 다른 의미의 과일이었다.

확실하지 않을 때에는 말에 의미를 꽉 채워 말하지 않는 편이 좋다. 내가 말한 것이 틀릴 수 있다고 생각하면, 판단하며 말하는 버릇을 줄일 수 있다.

우리는 누군가에게 판단 받는 것을 좋아하지 않는다. 누군가에게 판단을 받을 때의 기분은 수치스럽고 존재가 작아지는 느낌이다. 그래서 우리는 누구든지 간에 판단을 받을 때 죄인이 된 것 같고 아주 잘못한 느낌을 받는다. "너는 항상 불평하잖아." "이번에도 너야?" "좀 꼼꼼하게 보라니깐." 벌어진 일들에 대해 해석이 들어가면서 자연스럽게 판단이 나온다.

그런데 가만히 화나는 이유를 들여다보면 사실 때문이 아니라 내가 만든 스토리 때문에 일어날 때가 많다. 스토리는 무엇인가? 내가 만든 이야기다. 이야기는 사실에 바탕을 두고 만들어진다. 스토리를 들으면 공감하게 되고 몰입하게 된다. 그래서 이야기를 만드는 사람 옆에 사람들이 모인다. 그게 진짜든 가짜든 이야기가 주는 힘은 강력하다. 그런데 매번 스토리를 만들면 어떻게 될까?

나중에는 무엇이 진짜 이야기인지조차 모르게 된다.

우리가 잘 아는 양치기 소년의 이야기다. 양치기 소년이 본 것은 늑대였다. 처음에는 진짜 늑대처럼 보였다. 하지만 늑대가 아니라는 것을 알았을 때는 이미 사람들이 기겁하며 도망치고 늑대를 잡으려고 나왔을 때이다. 자기가 한 말에 움찔대며 이리 저리로 움직이는 사람들을 보며 소년은 재밌었다. 아무도 자기의 말에 주목하지 않았을 때와 전혀 다른 기분이다. 마치 내가 주인공이 된 느낌이랄까. 늑대를 보고 저쪽으로 도망갔다고 하면 그만이었다. 그렇게 몇 번의 대소동이 일어났고 소년은 잘 둘러댔다. 처음에는 사람들도 그의 말을 들었다. 하지만 거듭되는 거짓말에 더는 소년의 말을 믿지 않았다. 아무도 사실이라 여기지 않았다. 진짜 늑대가 나타나도 모두가 외면했다. 아무도 그의 말을 믿지 않았다는 게 이야기의 끝이다.

사실이냐 스토리냐, 그게 뭐 그리 중요하냐고 할 수 있다. 그러나 사람에게 실망하는 이유에는 스토리가 있다.

우리가 화가 나는 건 실은 이런 이유 때문이다. 그럴듯한 이야기가 들을 때는 재미있어 보이지만 그것이 내 이야기가 되면 재미 없다. 똑같은 그림을 두고도 서로 다른 것을 볼 수 있는 것은 관점의 차이만은 아니다. 사람은 보고 싶은 것을 보고 믿고 싶은 것을 믿으려 한다. 그래서 내가 100% 정확하게 봤다고 하는 말은 100% 자기 확신이 있다고 생각한다. 그러나 그 자기 확신은 스토리에서 비롯됐을 뿐이다.

해석을 빼고 담백하게 말하는 것, 판단을 넣지 않고 관찰한 것만 말하는 훈련이 필요하다. 보이는 것을 그대로 옮기는 것은 생각보다 쉽지 않다. 나도 모르게 우리는 늘 해석하고 있기 때문이다. 그래서 분노를 언어로 바꿔 옮기는 것은 사실이라기보다는 관점이고, 수정가능한 여지를 만드는 일이라 할 수 있다.

너의 말에
이젠
휘둘리지 않겠어

~~~~~ 다른 사람이 나에게 했던 부정적인 말들과 평가 때문에 힘들어했던 경험이 있을 것이다. 그 말이 귓가에 맴돌아 지우고 싶고 잊고 싶어도 들은 말대로 이루어지는 것 같은 경험을 한 적도 있을 것이다. 이런 일들은 생각보다 시간이 많이 걸린다.

내 주위에 평가하듯 말하는 사람이 많을수록 나는 위축되고 힘을 내고 싶어지지 않는다. 자꾸 그런 사람들의 말을 들으면 나도 모르게 그들이 하는 말이 진짜처럼 받아들여지기 때문이다. 사람들의 말이 내 인생이 되고 내 생각이 된다. 그렇다. 겉으로 말은 하고 있지 않았지만 너의 말이 내 가슴에 남은 건 실은 나도 나를 그렇게 생각했기 때문이다.

우리가 힘이 드는 건 이런 이유 때문이다. 사람들의 말이 듣기 싫지만 부인할 수 없는 것도 내가 나를 그렇게 생각하고 있어서다. 우리에게는 아무에게도 말하지 않았지만 내면 깊숙이에서 나를 보는 자화상을 가지고 있다. 그리고 나에 대한 생각이나 그림이 다른 사람의 아픈 말과 부딪치게 될 때 마음이 상한다. 그래서 사람들이 하는 말보다 더 힘든 건 내가 나에게 주는 상처라 할 수 있다.

뚱뚱하다고 생각하는 여성이 있다. 사람들이 자기가 먹는 것에 대해 무슨 말이라도 할까 봐 사람들 앞에서는 더 많이 먹는 모습을 보여준다. 나는 이런 거에 신경을 쓰는 여자가 아니라는 것을 보여주기라도 하는 것처럼 말이다. 사람들이 있으면 아무렇지 않게 먹고 마시고 하고 싶은 대로 했다. 그런데 이런 식으로 먹는 건 그때뿐이다.

집에 가면 아무것도 먹지 않는다. 뚱뚱한 몸을 제일 싫어하는 사람은 다름 아닌 자기 자신이었다. 자기에 대한 비난을 어떻게 극복해야 할지 몰랐다. 그래서 선택한 방법이 사람들을 만나 그런 말에 상처받지 않는 사람인 척했다. 편하게 먹는 모습을 보여주면 사람들과 잘 어울리는 것 같고 자신도 편하다고 생각했다.

내가 어떤 일에 아무렇지 않다고 생각할 때가 있다. 마음이 극심하게 아프면 정말 아무런 일이 없는 것처럼 살고 싶어진다.

사람들이 무섭다는 생각이 들었을 때, 그것은 단순히 나를 별로 좋아하지 않는다는 것 정도가 아니었다. 그리 많지 않은 동료들이 자기들끼리 밥을 먹고 차를 마시고 온다. 몇 번은 우연이겠지 싶었고, 그럴 수도 있으리라 생각했다. 이해하는 것이 상처받은 것을 드러내기보다 쉬웠다. 그래서 처음에는 말하기도 민망해 모르는 척했다. 왜 나에게 이렇게 하냐고 말하기조차 민망했다. 말을 꺼낼 수 없었다. 학교 다니는 아이들만 하는 따돌림이 있는 게 아니다. 나이 서른이 넘어서도 일어날 수 있다. 내가 당사자가 되니 부끄러웠다.

적금 만기가 다가올 때마다 집에서는 매번 일이 생겼다. 어쩔 수 없이 만기 된 적금을 찾아 집에 갈 때마다 괜찮다고 위로한 것은 나였다. 기가 막히는 일을 많이 경험하면 자기를 보호하게 된다.

카메라 대화법은 분노가 생길 때 언어로 바꿔 표현하는 방법이다. 내가 본 것을 그대로 말한다는 것은 생각보다 어렵다. 유치하지만 눈으로 찰칵 소리를 내고 찍는다고 생각하는 편이 낫겠다.

내가 현장에서 본 것을 사진으로 옮기기 위해 눈으로 찰칵하고 찍은 것으로 생각해야 한다. 그리고 그것을 말로 하나도 보태지 않고 그대로 옮긴다. '내가 ~하는 것을 보니까', '내가 ~할 때', '내가 ~볼 때'라는 말을 넣는다.

대화를 이끌어가는 주체는 '나'다. '내가' 지금 일어난 것에 대해 말하고 있는 주인이다. 내 말의 주인은 나다. 누군가의 말을 듣고 이 대화를 이끄는 것이 아니라 내가 지금 본 것에 대해 말하는 것, 내 의지를 조금씩 찾아가는 노력이라 할 수 있다. 주체가 '나'라고 말하면 말에 힘이 들어간다. 대신 마음이 약해지면 누군가의 말이라고 둘러서 말하게 된다. "누가 그러던데, 누가 알려주던데" 이렇게 말이다. 그런 말을 들으면 쉽게 스토리를 쓰게 된다. 이때 누군가가 내게 들려주는 말에 휘말리지 말아야 한다.

이제 내가 알아야 하는 것은 누군가 내게 들려주는 말을 통해 나를 자기편 삼아 이용하고 있는 것은 아닌지 살피는 일이다. 불확실한 말들을 통해 의미 없는 대화를 나누다 보면 상대를 향한 불신과 미움이 자란다. 사람들의 말을 듣다보면 친해질 사람은 별로 없다.

학교 다닐 때 바람둥이 녀석이 있었다. 그는 스파이더맨처럼 괜찮은 여인들이 나오면 매력을 발사했다. 동년배의 남자들은 하나같이 그를 싫어했다. 괜찮은 집안에, 또래 친구들이 모는 것보다 훨씬 좋은 차를 타고 다녔다. 그와 친하지 않은 사람들도 그를 인간 이하로 취급했다. "저렇게 좋은 차로 여자나 꼬시고 다닐 거야. 그 친구는 공부하지 않아. 아빠가 유명한 사람이라더라." 그에 대한 온갖 소문이 돌아다녔다. 너무나 완벽하게 사람들이 싫어할 만한 조건을 다 갖춘 듯 보였다. 항상 사건은 다수 대 개인으로 일어난다. 미움받는 한 녀석이 전체를 응집시킨다.

나는 그와 함께 자주 다녔다. 나이 차이는 조금 나지만 내가 경험한 그는 소문과 달랐다. 그는 다른 사람을 흉보거나 시기하지 않았다. 내가 그와 같이 다니자 친구들은 나마저 이상하게 보았다. 하지만 괜찮았다. 그와 나는 좋은 친구가 되었다. 과거로 그를 만나지 않고 현재 있는 모습으로 그를 봤다. 사람들의 말이 맞는 부분도 있었다. 하지만 그는 문제를 해결하려고 노력하고 있었다. 나는 그의 가능성을 봤다. 누군가 나를 향해서도 그렇게 봐주길 바라면서 말이다.

사람은 누구나 실수를 한다. 누군가에 대해 매몰차게 각을 세우면 내가 얼마나 상처 많은 사람인지를 보여주는 일이 된다. 실수를 용납하지 못하는 것은 실수한 그 사람이 아닌 자기 자신에 대한 것이다.

사람이 사람을 볼 때 '한 사람'으로 그를 본다는 것은 컴퓨터의 전원을 켜고 끄듯, 사람에 관한 판단을 끄는 일이다. 판단을 멈추면 연민이 생긴다. 연민은 사람을 불쌍히 여기는 마음이다. 우리가 같이 모여 사는 건 판단하고 비난하기 위해서가 아니라 서로 불쌍히 여기는 긍휼함이 필요하기 때문이다.

누군가 나에 대해 아니면 다른 사람에 대해 평가의 말을 하고 있다면 그것에 물들지 않도록 주의를 기울여야 한다. 다음 차례는 내가 될 수도 있기 때문이다. 그런 이유가 아니더라도 이런 모임은 불신해야 한다. 동료들과 이야기하다가 자리를 떠나지 못하는 그런 말도 안 되는 이유가 있는 곳이라면 더더욱 함께해서는 안 된다.

내 느낌을 말하는 것으로도
충분하지만

〰〰〰 어떤 일이나 현장에서 내가 본 것을 그대로 묘사하듯 말하고, 거기에 내 느낌을 말한다. 느낌은 판단이 들어가지 않는다. 방금 눈으로 본 것에 관한 내가 받은 느낌만 더하는 것이다. "누가 이런 말을 하던데"라는 식의 말은 없다. 내 느낌만 전하면 된다.

어디까지나 내 느낌이니깐 상대방이 받아주지 않아도 상관없다. 내 느낌을 전하는 것은 화난 내가 할 수 있는 용기이고, 해야 하는 노력이다. 느낌을 말하지 못하면 상대방은 심중을 알지 못한다. 그 사람의 의도를 알아야 도울 수 있고 해결할 수 있다. 한쪽이 일방적으로 맞추는 일이란 불가능한 일이다. 그래서 말을 해야 한다.

"오늘까지 우리가 이것을 끝내기로 했는데 그렇지 않은 것 같아서, 내가 많이 난처해." "나는 네가 이렇게 말하면 화가 나고 당혹스러워." "내가 말하지 못하는 것은 너에게 이런 말을 들을 때 내가 억울하다고 느끼기 때문이야."

내 느낌을 말해야 한다. 어떤 일이 일어날 때 그것에 대한 내 느낌을 표현하는 것은 중요하다.

직장에서는 얘기할 곳이 마땅치 않다. 회의실은 개방되어 있어서 어렵다. 혼자 잠깐씩 쉬고 싶을 땐 화장실을 찾는다. 그런데 그곳에서 듣지 않았으면 하는 얘기를 들었다. 함께 일하는 직원들이 내가 한 일에 대해 못마땅하게 생각하는 이야기였다. 화장실에서 나갈 수도 없고 불편했다. 누군가에게 물어보니, 이런 상황에서는 자기가 있다는 것을 헛기침이나 발소리를 내어 알린다고 했다. 요령도 없었지만 무슨 이야기를 하는지도 궁금했다. 그런데 가만히 듣다 보니 기분이 나쁘고 배신감도 들었다.

화장실에서 나와 잠시 후 그 자리에 있던 한 사람을 불렀다. 판단하지 않고 있는 사실을 전하는 방법으로 이야기를 한다. 그리고 내 느낌도 전한다. "아까 너희들이 화장실에 이야기를 나눴을 때 내가 있었어. 그런데 너희들이 하는 이야기를 들으니깐 마음이 좀 무겁더라. 너희들이 그렇게 생각하는 줄 몰랐거든. 대개 서운하더라."

분노를 언어로 해결하는 방법을 위해 만든 카메라 대화법은 먼저, 일어난 일에 대해 사실 그대로 전한다. 두 번째 단계에서는 거기서 느낀 내 감정을 말한다. 물론 여기까지도 큰 용기가 필요하다. 내 감정을 말해야 극단적인 방법을 택하지 않는다. 내 감정을 전해야 내가 덜 아프다. 그리고 상대방에게 말함으로 건설적인 대화를 이끌어낼 수 있다.

감정에는 맞고 틀린 것이 없다. 어디까지나 내가 느끼는 감정이다. 그런데 이런 과정 없이 다음의 세 번째 단계로 곧장 넘어가게 되면 문제가 더 커진다. 감정을 전달하면 상대를 이해한 것이 아닌 판단해 버린 게 된다.

카메라 대화법의 세 번째 단계는 내가 필요한 것을 부탁하는 것이다. 권하거나 요청하는 것이라 할 수 있다. 그런데 명령하는 것은 아니다. 상대방이 자신의 의지로 내 의견을 들어줄 수 있도록 부탁하는 것이다. 아쉽게도 이 과정에서 상대방이 거절할 수도 있다. 이 점도 생각하고 있어야 한다. 상대에게는 거절할 수 있는 자유도 있다. 내 느낌과 필요를 말했다고 모든 일이 내 뜻대로 되란

법은 없는 거니깐 말이다.

하지만 이전과 다르게 몇 가지 큰 유익이 있다. 내가 그 사안에 대해 알고 있다는 것을 상대방에게 전달함으로 그 자체가 나에게 있는 욕구를 해소하게 한다. 또한 느낌을 말하고 표현할 때 내 바람이 들어 있어서 해결할 방법을 상대에게도 알려주는 셈이 된다.

감정은 그때마다 표현해야 한다. 감정은 사라지지 않고 쌓이기 때문에 그때마다 관리하는 것이 좋다. 상대방에게 느끼는 나의 감정을 말할 때 그것은 때론 항의, 서운함, 도움이나 감동이 될 수 있다. 상대방이 미처 알지 못했던 것에 대해 알게 되면 나를 배려할 수 있고 도와줄 수 있다. 마지막으로 이런 일들에 대한 나의 필요를 말함으로 구체적으로 내가 원하는 것이 무엇인지를 나도 정리할 기회가 되고 상대가 내리는 결정에 나의 뜻이 반영될 수 있다. 카메라 대화법을 하고 안 하고는 이처럼 엄청난 차이를 가져온다.

다르게 살려면 다르게 말해야 한다. 중요한 것은 관계이고 사람이다. 내 주변의 사람을 두고 관계하며 대화를 이어나가는 방법이 필요하다. 이것에 도움을 줄 수 있는 것이 카메라 대화법이다. 단지 사실을 말하는 것으로는 불충분하다. 그렇다고 어린 애처럼 내 느낌을 말하는 것으로도 충분하지 않다.

내가 필요한 것을 말하면
화가 덜 나

~~~~~~ 카메라 대화법은 너와 나의 대화 사이에 판단이나 오해, 감정이 뒤섞여 관계와 일을 망치는 것을 예방하는 방법이다. 자기의 필요를 말해야 사람은 숨 쉴 수 있다. 내가 필요한 것을 말하면 비록 그것을 상대가 들어주지 않고 내 뜻대로 되지 않는다고 해도 덜 속상하다.

그런데 내가 필요한 것을 말하지 못하는 많은 경우는 미리 짐작하고 거절당할 것이라고 두려워해서다. 이래저래 모두 문제라고 한다면 차라리 내가 원하는 것을 말하는 게 낫다.

좀전의 대화에 내 필요를 말하면 이렇게 할 수 있다. "내가 얘기했던 것 중에 어떤 부분이 좀 힘들었는지 얘기를 들을 수 있을까?" 혹은 "다음에 불편한 일이 생기면 물어보거나 개인적으로 찾아와서 얘기해주면 좋겠어." 등으로 부탁할 수 있다. 물론 나의 이런 태도와 변화에 상대방은 놀랐다. 사람마다 반응이 다르겠지만 대부분 우리가 만나는 사람들은 따지거나 비난하거나 당혹스러운 나머지 말을 하기 싫어 피한다.

내게 벌어진 일들에 대해 피하기보다는 직면했다. 부끄러워하거나 부담스러워하기 보다는 그런 감정을 가진 나를 수용했다. 이렇게 나의 분노에 대한 공부는 시작됐다. 공부란 성장이고 변화다. 말 공부, 마음공부, 감정 공부를 통해 다른 사람이 이 문제를 주도적으로 끌고 가지 못하게 했다. 어디까지나 내 문제는 내가 풀어야 한다는 것도 알게 되었다.

건강한 사람은 건강한 마음을 소유할 때 가능하다. 나의 필요를 말했는데 상대방이 무례하게 반응했다면, 그것은 나의 잘못이 아니라 상대방의 수준이고 태도이고 선택이다. 거기까지 내가 신경 쓸 필요는 없다.

새로운 방법을 배우는 것보다 더 중요한 전제가 있다. 화에 관해서 연구하고 배우고 노력하는 것은 이전에 했던 방식대로 하지 않기 위해서다. 다른 사람과 함께 살아가는 삶이지만 누가 뭐래도 내 인생의 주인은 나이기 때문이다.

누구도 나를 향해 소리를 지르거나 비난할 수 없다. 내가 그것을 허용하지 않을 것이고, 나는 나를 존중하듯 상대를 귀히 여기며 나 또한 무례하게 상대를 대하지 않을 것이다.

또한 내가 깨달음 점은 강요나 명령으로는 관계를 개선할 수 없다는 것이다. 무섭게 하고 윽박지르면 앞에서는 공손한 척을 하지만 진심은 얻을 수 없다. 내가 누군가에게 명령을 받기 싫어하듯 상대도 그러하다. 누군가에게 말도 안 되는 것을 강요받으면 자신이 무너지는 것을 경험한다.

화가 날 때 나는 내가 본 것을, 그리고 내 느낌과 필요를 말할 수 있다. 하지만 상대방도 내 느낌과 필요를 거절할 수 있다. 사람을 존중한다는 것은 거절할 자유도 인정하는 것이다. 물론 세상에는 기본적인 상식이 안 통하는 사람도 있다. 그런 사람으로 기준 삼지 말자. 하루라도 수준 높게 윗공기를 마시며 살아가고 싶다.

나는 내가 억울하게 당하는 것처럼 느껴지는 상황에서도 자신의 고매함을 지켜내는 방법을 깨달았다. 바로 내가 나에 대해 어떠한 사람인지 스스로 증명하며 사는 것이다. 그리고 차츰 내게 필요한 것이 무엇인지를 말할 수 있게 되었다.

화내도 괜찮다고 말해주고 싶다

내가 생각한 것이 틀릴 수는 있지만
내 감정이 틀리지는 않았다는 말을 듣고 싶었다.

하지만 세상은 내 기대와 달랐다.
자리에 따라, 그 사람이 누구냐에 따라
감정표현이 마음대로 되는 사람이 있고
안 되는 사람이 있었다.
감정의 차별이다.
분노도 마찬가지다.
분노를 내는 사람만 자꾸 냈다.

화가 나도 낼 수 없는 사람은
자꾸 숨고 싶어진다.

불안정하고 불편한 마음으로 살아가는 사람들에게
나는 이런 말을 해주고 싶다.

"화내도 괜찮아."

지금 화가 났으면 났다고 말하라고,
상대가 마음을 받아주지 않을까
걱정하지 말고 주눅 들지 말고
나답게 말하라고 말해주고 싶다.

세상에 이런 소심한 사람이 있을까 싶을 정도로
화를 잘 해결하지 못하는 사람들에게
결코, 당신의 잘못이 아니라는 말도 덧붙이면서
어떻게 화를 내야 하는지 내가 잘 가르쳐주겠다고 말이다.
적어도 나는 당신을 이해한다는 말을 덧붙이면서.